www.ingramcontent.com/pod-product-compliance
Lightning Source LLC
LaVergne TN
LVHW010059061026
849532LV00005BA/1843
9789358726329

ادب دریچے

(مضامین)

فضہ پروین

Adab Dareechey (Essays)

by: Fizza Parveen

Edition: March '2024

Publisher :

Taemeer Publications LLC (Michigan, USA / Hyderabad, India)

ISBN 978-93-5872-632-9

کتاب	:	**ادب دریچے** (مضامین)
مصنف	:	**فضہ پروین**
پروف ریڈنگ / تدوین	:	اعجاز عبید
صنف	:	غیر افسانوی نثر
ناشر	:	تعمیر پبلی کیشنز (حیدرآباد، انڈیا)
سالِ اشاعت	:	۲۰۲۴ء
صفحات	:	۵۲
سرورق ڈیزائن	:	تعمیر ویب ڈیزائن

فہرست

امتیاز علی تاج کا ڈراما "انار کلی": ایک تجزیاتی مطالعہ

اردو ڈراما کی تاریخ میں امتیاز علی تاج کی تخلیق ڈراما "انار کلی کو جو مقبولیت حاصل ہوئی ہے وہ اپنی مثال آپ ہے۔ یہ ڈراما پہلی بار ۱۹۳۲ میں شائع ہوا۔ اس کے بعد اب تک اس کے متعدد ایڈیشن شائع ہو چکے ہیں اور اس ڈرامے کی مقبولیت بر قرار ہے۔ بھارت میں انار کلی کی کہانی کی اساس پر ایک فلم " مغل اعظم " بنائی گئی جسے فلم بینوں نے بہت پسند کیا۔ اپنی نوعیت کے لحاظ سے انار کلی ایک ایسی رومانی داستان ہے جس کے حقیقی ماخذ کے بارے میں اب تک کوئی ٹھوس تاریخی حقیقت یا دستاویزی ثبوت سامنے نہیں آیا۔ خرافات، مفروضات، قیاس اور وہم و گمان کا ایک ایسا سلسلہ ہے جس نے تحقیقی منظر نامے کو گہنا دیا ہے۔ ادب کے قارئین اس داستان کے سحر میں اس قدر کھو گئے ہیں کہ حقائق کی تلاش میں پیہم ٹامک ٹوئیے مارتے پھرتے ہیں مگر نشان منزل کہیں نہیں ملتا۔ وہی نور جہاں اور جہانگیر کے کبوتروں والا معاملہ ہے جو کبھی تھا ہی نہیں مگر لوگ اب تک اسے کالنقش فی الحجر قرار دیتے ہیں۔ انار کلی کی پوری داستان ایسے واقعات سے لبریز ہے جو سرے سے کبھی وجود میں ہی نہیں آئے۔

ڈراما انار کلی ایک رومانی موضوع پر لکھی گئی داستان کی اساس پر استوار ہے۔ مطلق العنان مغل شہنشاہ جلال الدین اکبر اپنی منظور نظر کنیز انار کلی کے حسن و جمال اور رقص کا شیدائی ہے۔ نادرہ نامی یہ کنیز قصر شاہی میں اس قدر دخیل ہے کہ تمام امور میں بادشاہ

اس کی رائے کو اہمیت دیتا ہے۔ اس کنیز سے بادشاہ نے جو پیمان وفا باندھا وہ اس کی زندگی میں بے حد اہم ہے۔ اس کہانی میں ایک اہم موڑ اس وقت آتا ہے جب بادشاہ کا بیٹا اور ولی عہد شاہزادہ سلیم بھی اسی کنیز کی زلف گرہ گیر کا اسیر ہو جاتا ہے جو اس کے باپ کے لیے راحت و آرام کا وسیلہ ہے۔ ای طرف تو جلال الدین اکبر کی ہیبت و سطوت کے سامنے یہ کنیز بے بس ہے تو دوسری طرف شہزادہ سلیم کی پر کشش شخصیت اور انداز دلربائی نے اسے تذبذب میں مبتلا کر دیا ہے۔ اس کے لیے جائے رفتن نہ پائے ماندن والا معاملہ بن جاتا ہے۔ ایک طرف تو شہنشاہ جلال الدین اکبر اس کنیز کو اپنی ذاتی ملازمہ سمجھتے ہوئے اس پر بلا شرکت غیرے اپنا استحقاق جتاتا ہے تو دوسری طرف ولی عہد شہزادہ سلیم کی نگاہ انتخاب اس پر پڑ چکی ہے اور اس کہ اپنی شریک حیات بنانے پر تل گیا ہے۔ انار کلی نہایت راز داری سے کام لیتے ہوئے اپنے دونوں عشاق کے دل کی تسکین کا خیال رکھتی ہے، لیکن عشق اور مشک کبھی چھپائے نہیں چھپ سکتے۔ یہ راز بالآخر ایک اور کنیز دلآرام کی سازش سے طشت از بام ہو جاتا ہے۔ جلال الدین اکبر اور شہزادہ سلیم میں اس کنیز کے حصول کے لیے محاذ آرائی اس قدر بڑھ جاتی ہے کہ دونوں کی افواج آمنے سامنے ہو جاتی ہیں اور ایک جنگ کے بعد شہزادہ سلیم اور انار کلی کو قید کر لیا جاتا ہے۔ شہزادہ سلیم تو محفوظ رہتا ہے مگر انار کلی کو جلال الدین اکبر کے احکامات کے تحت زندہ دیوار میں چنوا دیا جاتا ہے۔ اس طرح اس پوری کہانی کو ایک المیہ قرار دیا جا سکتا ہے جس نے ایک پورے خاندان اور پوری سلطنت کو ہلا کر رکھ دیا۔ جنرل مان سنگھ جیسے دلیر سپہ سالار اور معاملہ فہم سپاہی، اکبر جیسے سیاست دان اور منتظم کو اس رومانی داستان نے بے بس و لاچار بنا کر اضطراب میں مبتلا کر دیا۔ یہ تمام سوالات ادب کے سنجیدہ قاری کے لیے لمحہ ء فکریہ ہیں۔ وہ یہ سمجھنے پر مجبور ہے کہ زیب داستان کے لیے اس داستاں میں بات کا بتنگڑ بنا دیا گیا

ہے۔ یہ سارا افسانہ کذب و افترا، بہتان طرازی، الزام تراشی، کردار کشی اور بدنیتی پر مبنی شقاوت آمیز ناانصافی کی قبیح مثال ہے۔ خود امتیاز علی تاج نے اس ڈرامے کی حقیقت کے بارے میں اپنے تحفظات کا اظہار کیا ہے اور اس کو تاریخی واقعات سے متصادم سمجھتے ہوئے اس کی افسانوی حیثیت کو واضح کیا ہے۔ اس سے یہ حقیقت معلوم ہوتی ہے کہ افسانے کبھی حقیقت نہیں بن سکتے۔ اس فرضی، من گھڑت اور پشتارۂ کذب و افترا ڈرامے کے پس منظر کے بارے میں کچھ چشم کشا حقائق پیش خدمت ہیں۔ ان کی روشنی میں تاریخی صداقتوں کی تفہیم اور درست نتائج تک رسائی کی ایک ممکنہ صورت پیدا ہو سکتی ہے۔

کہا جاتا ہے کہ انار کلی کا واقعہ ۱۵۹۹ میں وقوع پذیر ہوا۔ یورپی سیاح ولیم فنچ جو ۱۶۱۸ میں لاہور پہنچا، اس نے اپنی یادداشتوں میں اس المیے کا ذکر بڑے دردناک انداز میں کیا ہے۔ اس نے پوری کوشش کی کہ کسی نہ کسی طرح اس من گھڑت واقعے کے ذریعے مغل شہنشاہ اکبر کو بدنام کیا جائے۔ اس نے اکبر کی توہین، تذلیل، تضحیک اور بے توقیری میں کوئی کسر اٹھا نہیں رکھی۔ اس کے بعد ۱۶۱۸ میں ایک اور یورپی سیاح ایڈورڈ ٹیری لاہور آیا، اس نے بھی اپنے پیش رو سیاح کی ہاں میں ہاں ملاتے ہوئے اس فرضی داستان کو خوب نمک مرچ لگا کر پیش کیا۔ دراصل یہ ایک سازش تھی جسے مسلسل آگے بڑھایا جا رہا تھا۔ چار سال بعد یعنی ۱۶۲۲ میں یورپ سے سیاحت کی غرض سے آنے والے ایک اور سیاح ہربرٹ نے بھی اس قصے کو اپنی چرب زبانی سے خوب بڑھا چڑھا کر بیان کیا۔ اس کے باوجود کسی نے ان بے سروپا الزامات پر کان نہ دھرا۔ اس زمانے میں ادب کے سنجیدہ قارئین نے اس قسم کے عامیانہ نوعیت کے بیانات کو کبھی لائق اعتنا نہ سمجھا۔ پورے دو سو سال تک برصغیر کے لوگ اس قصے سے لاعلم رہے کسی غیر جانب دار مورخ

کے ہاں اس کا ذکر نہیں ملتا۔ نور الدین جہانگیر نے تزک جہانگیری میں کہیں اس کا ذکر نہیں کیا۔ اس عہد کے ممتاز مورخ والہ داغستانی اور خافی خان جو اکبر اور جہانگیر کی معمولی نوعیت کی لغزشوں پر بھی نظر رکھتے تھے، انھوں نے بھی کسی مقام پر اس قصے کو ذکر نہیں کیا۔ اس سے یہ معلوم ہوتا ہے کہ یہ تمام قصہ محض تخیل کی شادابی ہے۔ یورپی سیاحوں نے اپنی منفی سوچ کو بروئے کا لاتے ہوئے سازش کا جو بیج بویا وہ رفتہ رفتہ نمو پاتا رہا۔ ۱۸۶۴ میں مولوی نور احمد چشتی نے اپنی تصنیف "تحقیقات چشتی" میں انارکلی اور اکبر کے اس رومان کا ذکر کیا ہے۔ ۱۸۸۲ میں کنہیالال ہندی نے اپنی تصنیف "تاریخ لاہور" میں انارکلی، اکبر اور سلیم کے اس المیہ قصے کا احوال بیان کیا ہے۔ یہ سلسلہ مقامی ادیبوں کے ہاں ایک طویل عرصے کے بعد اس قصے کی بازگشت سنائی دینے لگی۔ سید محمد لطیف نے بہت بعد میں انارکلی اور اکبر کے اس المیے کا ذکر اپنی تصنیف (History of Lahore) میں کیا ہے۔ یہ انگریزی کتاب ۱۸۹۲ میں شائع ہوئی۔ تاریخ حقائق سے یہ بات روز روشن کی طرح واضح ہو جاتی ہے کہ انارکلی، اکبر اور سلیم کا یہ رومانی المیہ جسے ابتدا میں یورپی سیاحوں نے محض تفنن طبع کے لیے اختراع کیا، آنے والے دور میں اس پر لوگوں نے اندھا اعتماد کرنا شروع کر دیا ایسا محسوس ہوتا ہے کہ حقیقت کو خرافات کے سرابوں کی بھینٹ چڑھا دیا گیا ہے۔ دروغ گوئی کے اس طوفان بلاخیز میں بسیط حقائق اب عنقا ہوتے چلے جا رہے ہیں۔ اس لرزہ خیز اعصاب شکن حالات میں ادبی تحقیق پر مائل ادیب یہ سوچنے پر مجبور ہیں کہ دیکھیے اب افسانہ طراز، چربہ ساز اور کفن دزد عناصر کیا گل کھلاتے ہیں اور نتائج کا اونٹ کس کروٹ بیٹھتا ہے۔

خامہ انگشت بہ دنداں کہ اسے کیا لکھیے ناطقہ سر بہ گریباں کہ اسے کیا کہیے

آثار قدیمہ، تاریخی حقائق اور دستاویزی ثبوت اس تمام المیہ ڈرامے کو جھوٹ کا

پلند قرار دیتے ہیں۔ وہ دیوار جس کے بارے میں یہ شوشہ چھوڑا گیا کہ اس میں انار کلی کو زندہ دفن کیا گیا۔ اس کے آثار لاہور شہر میں کہیں موجود نہیں۔ انار کلی کے تنازع پر جنرل مان سنگھ اور شہزادہ سلیم کی مسلح افواج کے درمیان جو خونریز جنگ ہوئی اس کے میدان جنگ، مرنے والوں اور زخمیوں کی تعداد کا کوئی علم نہیں۔ جنرل مان سنگھ تو مغل افواج کی کمان کر رہا تھا شہزادہ سلیم نے ایک بڑی فوج کہاں سے حاصل کی اور اس کی تنخواہ اور قیام و طعام کا بندوبست کیسے ہوا؟ جنرل مان سنگھ کی کامیابی کے بعد شہزادہ سلیم کی حامی اور اکبر کی مخالف فوج پر کیا گزری؟ کیا اکبر کی سراغ رسانی اس قدر کمزور تھی کہ اسے دلآرام کے علاوہ کسی سراغ رساں نے اس بات کی مخبری نہ کی کہ ولی عہد شہزادہ ایک کنیز کے چنگل میں پھنس کر بغاوت پر آمادہ ہو سکتا ہے۔ کیا اکبر اعظم کا نظام سلطنت اس قدر کمزور تھا کہ اسے اپنے خلاف سازش اور بغاوت کی کانوں کان خبر نہ ہوئی۔ یہ سب سوال ایسے ہیں جو اس قصے کو نہ صرف من گھڑت ثابت کرتے ہی ں بلکہ اسے یورپی سیاحوں کی بدنیتی اور ذہنی افلاس پر مبنی ایک صریح جھوٹ قرار دیتے ہیں۔

لاہور سول سیکرٹیریٹ میں جو انار کلی کے نام سے موسوم ہے وہ انار کلی کا مقبرہ نہیں بلکہ زین خان کوکہ کی صاحب زادی "صاحب جمال" کی آخری آرام گاہ ہے۔ یہ شہزادہ سلیم کی منکوحہ تھی۔ اس کا مقبرہ شہزادہ سلیم نے اپنے عہد میں تعمیر کروایا۔

امتیاز علی تاج نے ولیم فنچ کے بیان کو بنیاد بنایا ہے۔ یاد رکھنا چاہیے کہ تاریخ اور تخلیق ادب کے تقاضے مختلف ہوتے ہیں۔ فرد کی اجتماعی زندگی مختلف نوعیت کے حالات کی امین ہوتی ہے۔ زندگی میں تغیر و تبدل کا ایک نظام موجود ہے اور اجتماعی زندگی انہی قوانین کے زیر اثر رہتی ہے۔ وادیِ خیال کو مستانہ وار طے کرنے والوں کہ اس حقیقت سے بے خبر نہیں رہنا چاہیے کہ شعور و ذہن کا ارتقا تاریخ کے ایک ایسے مسلسل عمل کی

جانب متوجہ کرتا ہے جو فکر و نظر کے متعدد نئے دریچے وا کرنے کا مؤثر ترین وسیلہ ہے۔ سید امتیاز علی تاج نے تاریخ اور تاریخ کے مسلسل عمل کے بارے میں بلاشبہ مثبت شعور و آگہی پروان چڑھانے کی سعی کی ہے۔ ان کے اسلوب میں تاریخی شعور کا جو منفرد انداز جلوہ گر ہے وہ زندگی کی ایسی معنویت کا مظہر ہے جو نئی بصیرتوں کی امین ہے۔

ہیگل نے لکھا ہے۔

"چونکہ انسانی آزادی اور حساس آزادی ایک چیز ہے لہٰذا آزادی کا ارتقا کا شعور ذہن کا ارتقا ہے۔ اس عمل میں ہر قسم کے افکار تشکیل پاتے ہیں۔ اس لیے فلسفہ تاریخ صرف انسانی عمل ہی کو ظاہر نہیں کرتا بلکہ وہ کائناتی عمل سے بھی پردہ اٹھاتا ہے۔"

ڈرامہ انارکلی امتیاز علی تاج نے ۱۹۲۲ میں مکمل کیا۔ اس کی اشاعت دس سال بعد ہوئی۔ اس ڈرامے کو تاریخ کا معتبر حوالہ قرار نہیں دیا جا سکتا۔ اس ڈرامے کے اہم پہلو حسب ذیل ہیں:

پلاٹ

سید امتیاز علی تاج کو زبان و بیان پر خلاقانہ دسترس حاصل تھی۔ ڈراما انارکلی کا پلاٹ سادہ اور مؤثر ہے۔ تخلیقی عمل میں ذہن و ذکاوت کو بروئے کار لاتے ہوئے امتیاز علی تاج نے نہ صرف کہانی کا تسلسل برقرار رکھا ہے بلکہ پلاٹ کی ضروریات کے مطابق کشمکش، حیرت و استعجاب اور جستجو کا بھی خیال رکھا ہے۔ قاری ہر لمحہ اس فکر میں رہتا ہے کہ اب کیا ہونے والا ہے۔ امتیاز علی تاج کو مورخ سمجھنا ایک غلطی ہوگی۔ ایک ڈراما نگار اور فکشن رائٹر سے تاریخی حقائق کی چھان پھٹک اور سچے واقعات کی تحقیق کی توقع رکھنا نہ صرف نا مناسب ہے بلکہ ادبی اسلوب کے تقاضوں کے بھی خلاف ہے۔ وہ ایک صاحب طرز نثر نگار تھے۔ انھوں نے اپنے منفرد اسلوب کے اعجاز سے ڈراما انارکلی میں جس طرح تخیل کی

جولانیاں دکھائی ہیں وہ اس ڈرامے کو لازوال بناچکی ہیں۔ اگرچہ ڈراما انارکلی کا پلاٹ تاریخی صداقتوں سے معرا ہے مگر اسلوبیاتی حوالے سے یہ پلاٹ اس قدر پر تاثیر اور جان دار ہے کہ قاری اس کی گرفت سے بے نیاز نہیں رہ سکتا۔

مکالمہ نگاری

ڈراما انارکلی کے مکالمے پتھروں سے بھی اپنی تاثیر منوا لیتے ہیں۔ مثلاً اکبر کا یہ کہنا" آہ! میرے خواب۔ وہ ایک عورت کے عیشوں سے بھی ارزاں تھے۔ فاتح ہند کی قسمت میں ایک کنیز سے شکست کھانا لکھا تھا۔"

مکالموں میں جذبات کا ایک سیل رواں ہت جو امڈا چلا آتا ہے۔ قاری اس سیل رواں میں بہتا چلا جاتا ہے۔ کرداروں کا دبنگ لہجہ بادل کی طرح کڑکتا ہے۔ کرداروں کی خود کلامی قاری کو مسحور کر دیتی ہے۔ مثلاً:

انارکلی: " میری اماں! میں خوش ہونے والا دل کہاں سے لاؤں؟ تمھیں کیسے سمجھاؤں کہ میں کیوں غمگین ہوں؟"

سلیم: سب کچھ ہو چکا، انھیں سب معلوم ہو گیا۔ محبت بچھڑ گئی، آرزوئیں اجڑ گئیں"

انارکلی کی ایک اور خود کلامی قابل توجہ ہے:

"ٹوٹ جا۔ نیند ٹوٹ جا، میں تھک گئی، سانس ختم ہو جائیں گے"

اکبر کی خود کلامی میں اندیشہ ہائے دور دراز اور مستقبل کے حادثات اور تفکرات کے متعلق نہایت پر اسرار گفتگو ہے جو قاری کو حیرت زدہ کر دیتی ہے۔ سید امتیاز علی تاج نے اس قسم کی خود کلامی کے ذریعے پنے اسلوب کی تاثیر کو دو آتشہ کر دیا ہے۔ قاری پہلے تو اس تمام کیفیت کو حیرت سے دیکھتا ہے س کے بعد وہ گہری سوچ: میں ڈوب جاتا ہے۔ سید امتیاز علی تاج نے اکبر کی خود کلامی کا جس انداز پیش کیا ہے وہ اس بادشاہ کے

اندرونی کرب اور ذہنی پریشانی کو صحیح کیفیت میں سمجھنے میں مدد دیتی ہے:

"میرے دماغ میں شعلے بھڑک رہے ہیں۔ میں نہیں سمجھتا کیا کر بیٹھوں گا، مگر وہ اس صدمے کی طرح مہیب ہو گا۔"

سید امتیاز علی تاج کو نفسیاتی کیفیات اور قلبی احساسات کے بیان پر جو قدرت حاصل ہے وہ ان کے اسلوب کا نمایاں ترین وصف ہے۔ مثال کے طور پر خود کلامی کرنے والے کردار در اصل اپنے داخلی کرب اور اندرونی کش مکش کو اپنے مکالمات کے ذریعے پیش کرتے ہیں۔ شہزادہ سلیم کی خود کلامی سن کر یہ اندازہ لگانا مشکل نہیں کہ شہزادہ کن اندیشوں کے نرغے میں ہے:

"کیسی گہری اور اندھیری کہر، جس میں خون کے جلتے ہوئے دھبے ناچ رہے ہیں اور اس پار زرد چہرہ، پھٹی ہوئی آنکھیں اور سلیم! سلیم! کی فریاد"

جس وقت انارکلی کو اکبر کے حکم کے تحت عقوبت خانے میں قید کیا جاتا ہے تو وہ بے بسی کے عالم میں سلیم کو پکارتی ہے۔ اس کی یہ دردناک آواز قاری کی روح پر گہرا اثر مرتب کرتی ہے۔ سید امتیاز علی تاج نے ان ہراساں شب وروز کا احوال بیان کرتے ہوئے تمام نفسیاتی پہلوؤں کہ پیش نظر رکھا ہے:

"آجاؤ! تمھاری انارکلی تمھیں دیکھے بغیر نہ گزر جائے"

سید امتیاز علی تاج نے ڈراما انارکلی میں مکالمہ نگاری کے فن کو اوج کمال تک پہنچا دیا ہے۔ تمام کردار موقع اور محل کی مناسبت سے جو گفتگو کرتے ہیں وہ نہ صرف ان کے حسب حال ہوتی ہے بلکہ اسے سن کر قاری کی آنکھیں بھی پرنم ہو جاتی ہیں۔ سید امتیاز علی تاج نے فنی تجربوں کے اعجاز سے ڈراما نگاری کو نئے امکانات سے آشنا کیا۔ کردار نگاری اور مکالمہ نگاری میں انھوں نے جو منفرد تجربات کیے ہیں ان سے اردو ڈراما کی ثروت میں

اضافہ ہوا ہے۔ڈرامہ نگاری میں نت نئے تجربات ان کی ادبی زندگی کا عشق قرار دیئے جا سکتے ہیں۔ انھوں نے ڈرامہ نگاری میں پائے جانے والے جمود اور یکسانیت کو بیخ و بن سے اکھاڑ پھینکا اور افکار تازہ کی ایسی شمع فروزاں کی جس کی ضیا پاشیوں سے جہان تازہ تک رسائی کے امکانات روشن تر ہوتے چلے گئے۔ شہنشاہ ہند جلال الدین اکبر کی خود کلامی اور ذہنی کیفیت کے بیان میں ایک بلند پایہ تخلیق کار کی حیثیت سے سید امتیاز علی تاج نے اپنے نادر اسلوب سے قاری کو محو حیرت کر دیا ہے۔جب شہزادہ سلیم انار کلی کی محبت میں اپنے باپ سے آمادۂ پیکار ہو جاتا ہے تو اکبر کے دل پر قیامت ٹوٹ پڑتی ہے۔وہ فرط غم سے نڈھال ہو کر اپنے بیٹے سے کہتا ہے؛

"کیا معلوم تھا یوں ہو گا شیخو! میرے مظلوم بچے! میرے مجنون بچے! اپنے باپ کے سینے سے چمٹ جا! اگر ظالم باپ سے دنیا میں ایک بھی راحت پہنچی ہے تیرے سر پر اس کا ایک بھی احسان باقی ہے تو میرے بچے اس وقت میرے سینے سے چمٹ جا اور تو بھی آنسو بہا اور میں بھی آنسو بہاؤں گا"

سید امتیاز علی تاج نے ڈراما کے اسلوب اور ہیئت کے جمالیاتی پہلوؤں پر بھرپور توجہ دی ہے۔ان کے اسلوب میں جدت، تنوع اور صد رنگی کی کیفیت قاری کے قلب و نظر کو مسخر کر لیتی ہے ان کی انفرادیت کا کرشمہ دامن دل کھینچتا ہے۔یہ انفرادیت کئی لحاظ سے ایک دلکش تجربے کے روپ میں ڈرامے کو معراج کمال تک پہنچا دیتی ہے۔اس میں عصری آگہی، اجتماعیت، لفظی مرقع نگاری اور نفسیاتی شعور کے اعجاز سے قاری کے دل میں تخلیق کار کے ساتھ ای گہرا ربط پیدا ہو جاتا ہے۔اکبر کا یہ مکالمہ کس قدر کرب ناک ہے۔اس کو سید امتیاز علی تاج نے کس قدر پر تاثیر انداز میں پیش کیا ہے:

"آہ! میرے خواب۔وہ ایک عورت کے عشووں سے بھی ارزاں تھے۔فاتح ہند کی

قسمت میں ایک عورت سے شکست کھانا لکھا تھا۔"

سید امتیاز علی تاج نے ڈراما انار کلی کو موضوع، مواد، حسن بیان، مکالمہ نگاری اور کر دار نگاری کے انتہائی دلکش انداز کی بدولت ابد آشنا بنا دیا ہے۔ ان کی نیت طیبہ نے اس تخلیق کو وہ منفرد مقام عطا کیا ہے کہ انھیں شہرت عام اور بقائے دوام نصیب ہو گئی ہے۔ سید امتیاز علی تاج نے معاشرتی زندگی کی بے سمتی اور فکری کجی کے متعدد پہلوؤں کو اس ڈرامے میں ہدف تنقید بنایا ہے ان کی موزوں طبع نے ہر کر دار کو لا زوال بنا دیا ہے۔ اکبر جو اس ڈرامے کا سب سے بڑا المیہ کر دار ہے اس کے بارے میں یہ طے ہے کہ سید امتیاز علی تاج نے اسے اس تمام المیے میں اہم ترین مقام دیا ہے۔ حقیقت یہ ہے کہ پورا ڈراما ہی اکبر کا المیہ بن کر سامنے آتا ہے۔ اکبر کے ان الفاظ پر غور کریں جو وہ اپنے لخت جگر سے کہتا ہے:

"مجھے چھو مت! ایک دفعہ باپ کہہ دے۔ صرف ابا کہہ کر پکار لے! میں تجھے خنجر لا دوں۔ ہاں خنجر لا دوں، بیٹا یہ بد نصیب باپ جسے سب شہنشاہ کہتے ہی ن، اپنا سینہ شگاف کر دے گا، خنجر اس کے سینے میں گھونپ دینا، پھر دیکھ لے گا اور دنیا بھی دیکھے گی کہ اکبر باہر سے کیا ہے اور اندر سے کیا ہے۔"

سید امتیاز علی تاج نے ڈرامہ انار کلی میں المیہ کی جو کیفیات پیش کی ہیں ان میں نفسیاتی، اخلاقی اور تاریخی المیہ کو بہ طور خاص اجاگر کیا گیا ہے۔ یہ ڈرامہ ہر اعتبار سے اکبر کا المیہ ہے جو قدم قدم پر غم واندوہ سے دوچار نظر آتا ہے۔ اس کا سینہ و دل حسرتوں سے چھا گیا ہے اور ایسا محسوس ہوتا ہے کہ ہجوم یاس کو اپنی جانب بڑھتے دیکھ کر اس کا دل گھبرا گیا ہے۔ جب اس کی کوئی امید بر نہی ناتی اور سکون قلب کی کوئی صورت نظر نہیں آتی تو وہ جھنجلا جاتا ہے اور بے رحمانہ انتقام پر اتر آتا ہے۔ یہی اس کا المیہ ہے۔ جب وہ یہ فیصلہ

صادر کرتا ہے تو وہ کس قدر شکست خوردہ ذہنیت کا مظاہرہ کر رہا ہوتا ہے:

"جس طرح اس نے میری اولاد کو مجھ سے جدا کیا، یوں ہی وہ اپنی ماں سے جدا ہو گی۔ جس طرح اس نے مجھے عذاب میں ڈالا یوں ہی وہ عذاب میں مبتلا کی جائے گی۔ جس طرح اس نے میرے ارمانوں اور خوابوں کو کچلا ہے، یوں ہی اس کا جسم کچلا جائے گا۔ لے جاؤ! اکبر کا حکم ہے، سلیم کے باپ کا، ہندوستان کے شہنشاہ کا، لے جاؤ اس حسین فتنے کو، اس دل فریب قیامت کو لے جاؤ! گاڑ دو، زندہ دیوار میں گاڑ دو۔"

ڈراما انار کلی کو اردو ڈراما کی تاریخ میں سنگ میل کی حیثیت حاصل ہے۔ سید امتیاز علی تاج نے اپنے تجربات، احساسات اور مشاہدات کو جس کامیابی کے ساتھ قارئین ادب کو منتقل کیا ہے وہ لائق تحسین ہے۔ ان کے اسلوب میں متعدد معروضی حقائق کی جانب اشارے ملتے ہیں۔ وہ ہوائے جور و ستم میں بھی رخ وفا کو بجھنے نہیں دیتے۔ وہ جبر کا ہر انداز مسترد کرنے کے قائل ہیں اور ظالم کے خلاف قلم بہ کف مجاہد کا کردار ادا کرتے ہیں۔ ہر ظالم پہ لعنت بھیجنا ان کا شعار ہے۔ اس ڈرامے میں سید امتیاز علی تاج نے ایک انتہائی اہم بات کی جانب توجہ دلائی ہے کہ انسان کی قسمت میں یہ لکھ دیا گیا ہے کہ اس کے تمام معاملات میں تقدیر ہی فیصلہ کن کردار ادا کرتی ہے۔ تقدیر اگر ہر لمحہ ہر گام انسانی تدبیر کی دھجیاں فضا میں نہ بکھیرے تو اسے تقدیر کیسے کہا جا سکتا ہے۔ اس ڈرامے میں بھی تقدیری عنصر نے اکبر کی پوری بساط ہی الٹ دی ہے اور یوں یہ ڈراما اکبر کا المیہ بن جاتا ہے۔

☆☆☆

اردو شاعری میں ایہام گوئی

شمالی ہند میں اردو شعرا نے ایہام گوئی پر توجہ دی۔ آخری عہد مغلیہ میں مرکزی حکومت عدم استحکام کا شکار ہو گئی۔ اس کا اندازہ اس امر سے لگایا جا سکتا ہے کہ ۱۸ فروری ۱۷۱۹ سے ۱۴ اگست ۱۷۱۹ تک تین بادشاہ تخت نشین ہوئے۔ (۱) محمد شاہ رنگیلا ۱۷۱۹ سے ۱۷۴۷ تک مغلیہ حکومت پر قابض رہا۔ اسی عہد میں ایہام گوئی کا آغاز ہوا۔ محمد شاہ اخلاقی اقدار کی دھجیاں اڑا رہا تھا۔ اس کی شامت اعمال ۱۳ فروری ۱۷۳۹ کو نادر شاہ کی صورت میں عذاب بن کر نمودار ہوئی، دہلی کی اینٹ سے اینٹ بجا دی گئی۔ دو لاکھ پچیس ہزار افراد نادر شاہ کی سفاکی اور بربریت کی بھینٹ چڑھ گئے (۲) ان حالات میں اردو شعرا نے ایہام گوئی کی روش اپنالی۔

ایہام سے مراد وہم یا شک میں مبتلا کرنا ہے۔ اپنی اصل کے اعتبار سے ایہام کو رعایت لفظی کے ایک خاص انداز سے تعبیر کیا جا سکتا ہے۔ ذو معنی الفاظ کے استعمال سے تخلیق کار دو مفاہیم کے ذریعے قاری کو وہم میں ڈال کر اپنے فنی محاسن کے لیے داد طلب ہوتا ہے۔ میر تقی میرؔ نے ایہام کو ریختہ کی ایک قسم قرار دیا ہے۔ (۳) اردو شاعری میں ایہام گوئی کا رجحان ۱۷۱۹ سے دیکھنے میں آتا ہے جو دہلی کے شعرا کے ہاں پچیس سال تک برقرار رہا (۴) ایہام گو شعرا کے ہاں الفاظ کو دوہری معنویت کا حامل بنا دیا جاتا ہے۔ بادی النظر میں قاری قریب ترین معانی تک جاتا ہے مگر حقیقت میں اس سے مراد دور کے معانی ہوتے ہیں۔ اس طرح قاری قدرے تامل کے بعد دور کے مفہوم تک رسائی حاصل

کرپاتا ہے مثلاً

یہی مضمون خط ہے احسن اللہ
کہ حسن خوبرویاں عارضی ہے

یہاں عارضی میں ایہام ہے۔ عارضی کے قریب ترین معانی تو ناپائیدار ہیں مگر شاعر نے اس سے رخسار مراد لیے ہیں۔

نشہ ہو جس کو محبت کا سبز رنگوں کا
عجب نہیں جو وہ مشہور سب میں بھنگی ہو

یہاں لفظ بھنگی میں ایہام پایا جاتا ہے۔

علم صنائع بدائع میں ایہام کو ایک صنف قرار دیا گیا ہے۔ اردو زبان میں ایہام کے فروغ میں ہندی دوہوں کا گہرا عمل دخل ہے۔ سنسکرت میں ایہام کو "شلش" کہا جاتا ہے۔ اردو میں ہندی اور سنسکرت کے وسیلے سے ایہام کو فروغ ملا۔ فارسی ادب میں بھی ایہام گوئی کا وجود پایا جاتا ہے مگر فارسی تخلیق کار اس میں کم دلچسپی لیتے تھے۔ محمد حسن آزادؔ نے اردو میں ایہام گوئی کے سلسلے میں لکھا ہے کہ ہندی دوہوں کے زیر اثر اس کا آغاز ہوا (۵) رام بابو سکسینہ نے ایہام گوئی کے آغاز کو ولیؔ کے عہد سے وابستہ کیا ہے۔ انھوں نے لکھا ہے:

"ولیؔ کے معاصرین صنعت ایہام کے بہت شائق تھے۔ یہ صنعت بھاشا کی شاعری میں بہت مقبول ہوئی اور دوہوں کی جان ہے۔ قدما کے کلام میں ایسے ذو معنی اشعار بکثرت ہوتے ہیں۔" (۶)

اردو شاعری میں ایہام گوئی پر خان آرزوؔ اور ان کے شاگردوں نے تخیل کی جولانیاں دکھائیں۔ مولوی عبدالحق نے اردو شاعری میں ایہام گوئی کے محرکات کے

بارے میں لکھا ہے۔

"یہ خیال قرین صحت معلوم ہوتا ہے کہ اردو ایہام گوئی پر زیادہ تر ہندی شاعری کا اثر ہوا، اور ہندی میں یہ چیز سنسکرت سے پہنچی۔"(۷)

محمد حسین آزادؔ نے آب حیات میں لکھا ہے کہ ایہام گوئی کا تعلق آخری عہد مغلیہ سے ہے۔ انھوں نے ولیؔ کے عہد میں اس کے پروان چڑھنے کی بات کی ہے۔ وہ لکھتے ہیں:

"ولیؔ نے اپنے کلام میں ایہام اور الفاظ ذو معنین سے اتنا کام نہیں لیا۔ خدا جانے ان کے قریب العہد بزرگوں کو پھر اس قدر شوق اس کا کیوں کر ہو گیا؟ شاید دوہوں کا انداز جو ہندوستان کی زبان کا سبزہ خودرو تھا، اس نے اپنا رنگ جمایا۔"(۸)

یہ بات قرین قیاس ہے کہ دوہوں نے ایہام گوئی کی راہ ہموار کی مثلاً یہ دوہا ملاحظہ کریں۔

رنگی کو نارنگی کہیں بنے دودھ کو کھویا
چلتی کو گاڑی کہیں دیکھ کبیر ارویا

تخلیقی اظہار کے متعدد امکانات ہوتے ہیں۔ ان میں سے کسی ایک کو منتخب کرنا تخلیق کار کا صوابدیدی اختیار ہوتا ہے۔ ان حالات میں اگر کوئی تخلیق کار یہ طے کرلے کہ وہ قاری کو سرابوں کی بھینت چڑھا کر اپنی فنی مہارت کی داد لے گا تو یہ ایک خیال خام ہے۔ ایسے ادیب ذو معنی الفاظ اور زبان و بیان کی بازی گری سے اپنا ما فی الضمیر کیسے پیش کر سکتے ہیں؟ ایہام کے متعلق یہ بات ذہن نشین کر لینی چاہیئے کہ ایہام گو شعرا اپنے کلام میں ایسے الفاظ کو استعمال کرتے ہیں جو بہ ظاہر گنجینۂ معانی کے طلسم کی صورت پیدا کر دیتے ہیں اور شاعر کو یہ گمان گزرتا ہے کہ قطرے میں دجلہ اور جزو میں کل کا منظر دکھانے پر دسترس رکھتا ہے۔ تخلیق کار کی شخصیت میں داخلی پہلو عام طور پر غالب رہتا

ہے۔اس کی شدت سے مغلوب ہو کر وہ قاری کو حیرت زدہ کرنے کے لیے نت نئے طریقے دریافت کرنے کی ترکیبیں تلاش کرتا ہے۔ایہام اسی سوچ کو تخلیقی اظہار کی مثال بناتا ہے۔ایہام گو شاعر تخلیق فن کے لمحوں میں ایسا پیرایہء اظہار اپناتا ہے کہ پورے شعر یا اس کے کسی ایک جزو سے دو ایسے مفاہیم پیدا ہوں جو ایک دوسرے سے بالکل مختلف ہوں۔اس مقصد کے لیے ذو معنی الفاظ کے استعمال میں شعرا نے گہری دلچسپی لی ہے۔جہاں تک معانی کا تعلق ہے ان میں سے ایک معنی تو قریب کا ہوتا ہے جب کہ دوسرا معنی بعید ہے۔دراصل شاعر کا مدعا یہ ہوتا ہے کہ بعید کے معنی پر توجہ مرکوز کی جائے اور قاری وہم کی صورت میں قریب کے معنی میں الجھ کر رہ جائے۔شاعر ذو معنی الفاظ کو اپنے تخلیقی اظہار کی اساس بنا کر صنائع بدائع کی اس صنف کو اپنی شاعری میں استعمال کر کے اپنی جدت پر داد طلب دکھائی دیتا ہے۔اس سے یہ اندازلگایا جاسکتا ہے کہ رعایت لفظی کی ایسی صورتیں پیدا کر کے شعرا نے کس طرح مفاہیم کو بدلنے میں اپنی صلاحیتوں کا استعمال کیا۔اردو شاعری کے کلاسیکی عہد میں یہ رسم چل نکلی تھی کہ حقیقت کو خرافات میں نہاں کرنا ہی فنی مہارت کی دلیل ہے۔داخلی حقائق کو خارجی فرغلوں میں لپیٹ کر پیش کرنا قادر الکلام ہونے کا ثبوت ہے۔ایہام بعض اوقات الفاظ کی املا سے بھی پیدا کیا جاتا ہے۔

وہ تخلیق کار جنھوں نے ایہام گوئی پر بھرپور توجہ دی ان کے نام حسب ذیل ہیں:

خان آرزوؔ، شاہ مبارک آبروؔ، ٹیک چند بہار، حسن علی شوق، شہاب الدین ثاقب، رائے آنند رام مخلص، میر زین العابدین آشنا، شرف الدین مضمون، شاہ حاتم، محمد شاکر ناجی، غلام مصطفٰی یک رنگ، محمد احسن احسن، میر مکھن پاک باز، محمد اشرف اشرف، ولی اللہ اشتیاق، دلاور خان بیرنگ، شرف الدین علی خان پیام، سید حاتم علی خان حاتم، شاہ فتح

محمد دل، میاں فضل علی دانا، میر سعادت علی خاں سعادت، میر سجاد اکبر آبادی، محمد عارف عارف، عبد الغنی قبول، شاہ کاکل، شاہ مزمل، عبد الوہاب یک رو اور حیدر شاہ

کلام میں ذو معنی الفاظ کا استعمال کرنا اس عہد کے شعرا نے بظاہر ایک جدت کا پہلو تلاش کیا۔ ان کا خیال تھا کہ اس طرح کلام کے حسن میں اضافہ ہو جاتا ہے۔ دور از کار مفہوم اور باتوں کی بے لطفی ضلع جگت کی بے لطفی سے کسی طور بھی کم نہیں (۹) ولیؔ کے سفر دہلی کے بارے میں بھی درست معلومات پر توجہ نہیں دی جاتی۔ ولیؔ کے بارے میں یہ تاثر ملتا ہے کہ انھوں نے کہا تھا

دل ولیؔ کا لے لیا دلی نے چھین

جا کہو کوئی محمد شاہ سوں

یہ شعر ولیؔ دکنی کا نہیں بلکہ شرف الدین مضمون کا ہے۔ صحیح شعر اس طرح سے ہے:

اس گدا کا دل لیا دلی نے چھین

جا کہو کوئی محمد شاہ سوں (۱۰)

ولیؔ کے اشعار میں ایہام کا انداز سادگی، سلاست اور اثر آفرینی کا حامل ہے۔

خودی سے اولاً خالی ہو اے دل

اگر شمع روشن کی لگن ہے

موسیٰ جو آ کے دیکھے تجھ نور کا تماشا

اس کو پہاڑ ہووے پھر طور کا تماشا

شیخ شرف الدین مضمون (م ۱۷۳۵) نے ایہام گوئی کے سلسلے میں اپنے اہم کردار کا ذکر کیا ہے۔

ہوا ہے جگ میں مضمون شہرہ اپنا
طرح ایہام کی جب سیں نکالی

شاہ مبارک آبرو نے ایہام گوئی پر توجہ دی اور اسے اپنے اسلوب کی اساس بنایا۔ آبرو کے اسلوب میں محض ایہام ہی نہیں بلکہ بسا اوقات وہ سادگی، سلاست، بے ساختگی اور دردمندی کو بھی اپنے تخیل کی اساس بنانے کی کوشش کرتے ہیں۔ اگر وہ ایہام پر انحصار نہ کرتے تو ان کا شاعرانہ مقام اس سے کہیں بلند ہوتا۔ ایہام میں ان کی مبتذل شاعری نے ان کے اسلوب کو شدید ضعف پہنچایا۔ شیخ شرف الدین مضمون نے ایہام گوئی کو بہ طور اسلوب اپنایا۔ ان کا شمار ایہام گوئی کے بانیوں میں ہوتا ہے۔ ان کی شاعری میں ایہام کی فراوانی ہے۔ اس کے باوجود اس صنعت کے استعمال کی کسی شعوری کوشش یا کھینچ تان کا گمان نہیں گزرتا۔ ایہام گوئی ان کا اسلوب شعر و سخن رہا لیکن اس میں وہ اس سادگی، سلاست، بے ساختگی اور بے تکلفی کا مظاہرہ کرتے ہیں کہ ان کے کمال فن کو تسلیم کرنا پڑتا ہے ایسا محسوس ہوتا ہے کہ یہ تمام کیفیت نوائے سروش کی ایک صورت بن کر شاعر کے دل میں سما گئی۔

مضمون شکر کر کہ ترا نام سن رقیب
غصے سے بھوت ہو گیا لیکن جلا تو ہے

کرے ہے دار بھی کام کو سر تاج
ہوا منصور سے یہ نکتہ حل آج

کرنا تھا نقش روئے زمیں پر ہمیں مراد
قالین اگر نہیں تو نہیں بوریا تو ہے

نظر آتا نہیں وہ ماہ رو کیوں

گزرتا ہے مجھے یہ چاند خالی
اگر پاؤں تو مضمون کو رکھوں باندھ
کروں کیا جو نہیں لگتا مرے ہاتھ

شیخ ظہور الدین حاتم (م ۱۷۹۱) کا پیشہ سپہ گری تھا۔ ان کی ایہام گوئی ابتذال کی حدوں کو چھو لیتی ہے اور ذوق سلیم پر گراں گزرتی ہے۔ اس میں کوئی شبہ نہیں کہ اس عہد کے متعدد شعرا نے شیخ ظہور الدین سے اکتساب فیض کیا جن میں مرزا محمد رفیع سودا بھی شامل ہیں۔ حاتم کے اسلوب میں ایک اہم بات یہ ہے کہ وہ تنقیدی بصیرت سے متمتع تھے۔ وہ حالات کے نباض اور قاری کے ذوق سے آشنا تھے اس لیے جب انھوں نے یہ محسوس کیا کہ ایہام سے قاری کا ذوق سلیم غارت ہو جاتا ہے تو انھوں نے نہ صرف اسے ترک کر دیا بلکہ ایسے اشعار بھی اپنے کلام سے حذف کر دیئے۔ نمونہء کلام

مثال بحر موجیں مارتا ہے
لیا ہے جس نے اس جگ کا کنارہ
ہے وہ چرخ مثال سرگرداں
جس کو حاتم تلاش مال ہوا
نظر آوے ہے بکری سا کیا پر ذبح شیروں کو
نہ جانا میں کہ قصاب کا رکھتا ہے دل گردہ

اس عہد کے ایک اور شاعر کا نام بھی ایہام گوئی کے بانیوں مین شامل ہے یہ سید محمد شاکر ناجی ہیں۔ سید محمد شاکر ناجی زمانی اعتبار سے شاہ حاتم اور ولی دکنی کے ہم عصر ہیں۔ ناجی نے اپنی تمام تر صلاحیتیں ایہام گوئی پر صرف کر دیں۔ ان کے کلام کا بہ نظر غائر مطالعہ کرنے سے قاری اس نتیجے پر پہنچتا ہے کہ اس تخلیق کار نے اپنے قصر شاعری کو

ایہام اور صرف ایہام کی اساس پر استوار کرنے کا عزم کر رکھا تھا۔ ایہام کے علاوہ ان کے دیوان میں کچھ موجود نہیں۔ ایہام کے استعمال کی شعوری کاوشوں نے ان کے کلام کے حسن کو متاثر کیا ہے اور سادگی، بے ساختگی اور اثر آفرینی عنقا ہو گئی ہے۔ نمونہ کلام

ریختہ ناجی کا ہے محکم اساس
بات میری بانیٔ ایہام ہے
قرآں کی سیر باغ پہ جھوٹی قسم نہ کھا
سیپارہ کیوں ہے غنچہ اگر تو ہنسا نہ ہو

شیخ شرف الدین مضمون (م ۱۷۳۴) کا شمار ایہام گوئی کی تحریک کے بنیاد گزاروں میں ہوتا ہے شیخ شرف الدین مضمون کو حاتم اور ناجی کے بعد تیسرا بڑا ایہام گو شاعر قرار دیا جاتا ہے۔ ان کی شاعری میں ایہام گوئی کے باوجود جدت اور شگفتگی کا عنصر نمایاں ہے

مصطفی خان یک رنگ کی شاعری میں ایہام گوئی اس شدت کے ساتھ موجود نہیں جس قدر آبرو اور ناجی کے ہاں ہے۔ انھوں نے اپنے اسلوب پر ایہام گوئی کو مکمل طور پر حاوی نہیں ہونے دیا بلکہ ایہام گوئی کا ہلکا سا پرتو ان کی شاعری میں موجود ہے۔

جدائی سے تری اے صندلی رنگ
مجھے یہ زندگانی دردِ سر ہے

ذیل میں بعض ایہام گو شعرا کا نمونہ کلام درج ہے۔ جس کے مطالعہ سے ان کے اسلوب کے بارے میں آگہی حاصل ہو سکتی ہے۔

احسن اللہ احسن:

صبا کہیو اگر جاوے ہے تو اس شوخ دلبر سوں
کہ کر کے قول پر سوں کا گئے برسوں ہوئے برسوں

عبدالوہاب یکرو:

دیکھ تجھ سر میں جامۂ ململ

خوش قداں ہاتھ کو گئے ہیں مل

میر محمد سجاد:

ہم تو دیوانے ہیں جو زلف میں ہوتے ہیں

ورنہ زنجیر کا عالم میں نہیں ہے توڑا

اردو شاعری میں ایہام گوئی نے بلاشبہ اپنے عہد کے ادب پر اثرات مرتب کیے کئی تخلیق کار اس جانب مائل بہ تخلیق ہوئے۔ جب بھی کوئی تخلیق کار کسی بھی صورت میں اپنے عہد کے علم وادب کو متاثر کرتا ہے تو بالواسطہ طور پر اس سے افکار تازہ کی سمت ایک پیش رفت کی امکانی صورت پیدا ہوتی ہے۔ جہد وعمل کے لیے ایک واضح سمت کا تعین ہو جاتا ہے، جمود کا خاتمہ ہو جاتا ہے اور خوب سے خوب تر کی جانب سفر جاری رہتا ہے لیکن ایہام گوئی کے بارے میں صورت حال انتہائی غیر امید افزا رہی۔ ایہام گو شعرا نے الفاظ کا ایک ایسا کھیل شروع کیا جس کی گرد میں معنی او جھل ہو گئے۔ لفظوں کی بازی گری نے اسلوب پر غلبہ حاصل کر لیا، دروں بینی کی جگہ سطحیت نے لے لی۔ ایہام گو شعرا نے افکار تازہ کی جانب کوئی پیش قدمی نہیں کی بلکہ قدامت پسندی کی پامال راہ پر چلتے ہوئے حقائق کو خیال وخواب بنا دیا۔ الفاظ کے اس گورکھ دھندے میں مطالب ومفاہیم عنقا ہوتے چلے گئے۔ قاری کا ناطقہ سر بہ گریباں تھا کہ اس کو کس چیز کا نام دے اور خامہ انگشت بہ دنداں کہ ایہام گوئی کے متعلق کیا لکھا جائے۔ ایہام پر مبنی تحریروں کا تو مدعا ہی عنقا تھا۔ بعض اوقات ایسا بھی دیکھنے میں آیا ہے کہ تلمیحات، مرکبات اور محاورات کے معانی میں ایہام کے ذریعے حس مزاح کو تحریک ملتی ہے۔ مرزا محمد رفیع سودا کے ہاں اس کا ہلکا

سا پرتو ملتا ہے۔ کہتے ہیں آخری عمر میں مرزا محمد رفیع سودا دہلی سے ترک سکونت کر کے لکھنو چلے گئے اور نواب آصف الدولہ کے دربار سے وابستہ ہو گئے۔ ایک مرتبہ نواب آصف الدولہ شکار کو گئے سودا بھی ہمراہ تھے۔ شکار کرتے ہوئے " بھیلوں " کے جنگل میں نواب آصف الدولہ نے ایک شیر مارا۔ اس موقع کی مناسبت سے سودا نے برجستہ کہا۔

یارو! یہ ابن ملجم پیدا ہوا دوبارہ

شیر خدا کو جس نے " بھیلوں " کے بن میں مارا

یہاں شیر خدا سے مراد اللہ کی مخلوق شیر ہے۔ اس میں مزاح نگار نے ناہمواریوں کا ہمدردانہ شعور اجاگر کر کے فن کارانہ انداز میں ایہام کے ذریعے مزاح پیدا کیا ہے۔

ایہام گوئی اپنی نوعیت کے لحاظ سے کلاسیکیت کے قریب تر دکھائی دیتی ہے۔ اس تحریک کے علم برداروں نے الفاظ کے اس کھیل میں اس قدر گرد اڑائی کہ حسن و رومان کے تمام استعارے قصۂ پارینہ بن گئے۔ اردو کو مقامی اور علاقائی آہنگ سے آشنا کرنے میں ایہام گو شعرا نے اپنی پوری توانائی صرف کر دی۔ متعدد ایسے الفاظ زبان میں شامل کیے جو مانوس نہیں تھے۔ اس کا نتیجہ یہ نکلا کہ زبان میں ان الفاظ کو قبولیت نصیب نہ ہو سکی۔ تاہم کچھ الفاظ ایسے بھی تھے جن کو اپنی جگہ منانے میں کامیابی ملی۔ اس لسانی تجربے سے مستقبل میں مزید تجربات کی راہ ہموار ہوئی اور علاقائی زبانوں کے الفاظ رفتہ رفتہ اردو میں جذب ہونے لگے۔ اردو شاعری میں ایہام گوئی کی تحریک یک بگولے کی طرح اٹھی اور سارے ماحول کو مکدر کرنے بعد گرد کی طرح بیٹھ گئی جب افق ادب پر مطلع صاف ہوا تو اس کا کہیں نام و نشاں تک دکھائی نہ دیا۔

ایہام گوئی محض الفاظ کی بازی گری کا نام ہے۔ شاعری کو تاریخ کی نسبت ایک وسیع اور جامع حیثیت حاصل ہے۔ ایہام گوئی میں ایسی کوئی صفت نظر نہیں آتی۔ اس عہد میں

جن شعرا نے ایہام گوئی پر توجہ دی ان میں سے شاہ حاتم اور ولیؔ کے علاوہ کوئی بھی اپنا رنگ نہ جما سکا۔ باقی سب ابتذال کی راہ پر چل نکلے۔ علم و ادب کے فروغ کے لیے یہ امر نا گزیر ہے کہ درخشاں اقدار و روایات کو پروان چڑھایا جائے۔ جب تخلیق کار نظام اقدار کو پس پشت ڈالنے کی مہلک غلطی کے مرتکب ہوتے ہیں تو تاریخ انھیں یکسر فراموش کر دیتی ہے۔ اخلاقیات سے قطع نظر ادبیات کے حوالے سے بہر حال ایہام گو شعرا نے الفاظ کے مفاہیم اور معنوی لطافتوں اور نزاکتوں کے حوالے سے جو کام کیا وہ ناقابل فراموش ہے۔ کثیر المعنویت کی اہمیت مسلمہ ہے۔ لفظ کی حرمت اور اسے برتنے کا قرینہ آنا چاہیے۔ ایہام گو شعرا نے مرصع ساز کا کردار ادا کیا الفاظ کو مربوط انداز میں اشعار کے قالب میں ڈھال کر انھوں نے الفاظ کو گنجینہ معانی کا طلسم بنا دیا۔ تاریخ ادب میں اس تجزیے کو ہمیشہ قدر کی نگاہ سے دیکھا جائے گا۔

مآخذ

۱۔ محمد اکرام شیخ ڈاکٹر: رودِ کوثر، ادارہ ثقافت اسلامیہ، لاہور، طبع دوازدہم ۱۹۸۸ ، صفحہ ۵۹۸

۲۔ حسن اختر ملک ڈاکٹر: اردو شاعری میں ایہام گوئی کی تحریک، یونیورسل بکس، لاہور ۱۹۸۶، صفحہ ۲۴

۳۔ انور سدید ڈاکٹر: اردو ادب کی تحریکیں، انجمن ترقی اردو، اشاعت چہارم ۱۹۹۹، صفحہ ۱۸۷

۴۔ وقار عظیم سید پروفیسر: تاریخ ادبیات مسلمانان پاکستان و ہند، جامعہ پنجاب، لاہور، ساتویں جلد، ۱۹۷۱، صفحہ ۶۵

۵۔ وقار عظیم سید پروفیسر: تاریخ ادبیات مسلمانان پاکستان و ہند، جامعہ پنجاب،

لاہور، ساتویں جلد، ۱۹۷۱، صفحہ ۶۷

۶۔ رام بابو سکسینہ : تاریخ ادب اردو، ترجمہ مرزا محمد عسکری، گلوب پبلشرز، لاہور صفحہ ۱۲۷

۷۔ عبدالحق مولوی ڈاکٹر : " اردو شاعری میں ایہام گوئی" مضمون مجلہ ہم قلم، کراچی، اشاعت جون ۱۹۶۱، صفحہ ۹

۸۔ محمد حسین آزاد: آب حیات، سنگ میل پبلی کیشنز، لاہور صفحہ ۷۵

۹۔ حسرت موہانی سید فضل الحسن: نکات سخن، حیدر آباد، جنوری ۱۹۲۵ صفحہ ۱۱۸

۱۰۔ حسن اختر ملک ڈاکٹر : اردو شاعری میں ایہام گوئی کی تحریک، یونیورسل بکس، لاہور ۱۹۸۶، صفحہ ۷۶

☆☆☆

ڈاکٹر وزیر آغا: اک دھوپ تھی جو ساتھ گئی آفتاب کے

عالمی شہرت کے حامل مایہ ناز پاکستانی ادیب، دانشور، نقاد، محقق اور انشائیہ نگار ڈاکٹر وزیر آغا نے دائمی ترک رفاقت کی۔ اور زینۂ ہستی سے اتر کر عدم کی بے کراں وادیوں کی جانب رخت سفر باندھ لیا۔ ان کی وفات پر ہر دل سوگوار اور ہر آنکھ اشکبار ہے۔ وہ سراپا خلوص و مروت اور انسانی ہمدردی کا پیکر تھے۔ انسانیت کے وقار اور سربلندی کو وہ دل و جان سے عزیز رکھتے اور بنیادی انسانی حقوق کے وہ بہت بڑے محافظ خیال کیے جاتے تھے۔ وہ سلطانیِ جمہور کے زبردست حامی اور حریت فکر و عمل کے مجاہد تھے۔ اردو زبان و ادب کے فروغ کے لیے انھوں نے جو فعال اور تاریخی کردار ادا کیا وہ اپنی مثال آپ ہے۔ تاریخ ہر دور میں ان کے نام کی تعظیم کرے گی۔ وطن اور اہل وطن سے والہانہ محبت کرنے والے اس ابد آشنا فاضل کی وفات پر دنیا بھر میں صف ماتم بچھ گئی۔

برس گیا بہ خرابات آرزو تیرا غم قدح قدح تیری یادیں سبو سبو تیرا غم

۱۸ مئی ۱۹۲۲ کو پنجاب پاکستان کے ایک ضلع سرگودھا کی گاؤں وزیر کوٹ سے طلوع ہونے والا آفتاب جس نے اکناف عالم کا گوشہ گوشہ منور کیا۔ ستمبر ۲۰۱۰ کی شام کو غروب ہو گیا۔ ڈاکٹر وزیر آغا کی المناک وفات نے اردو تنقید کو مفلس اور قلاش کر دیا ہے۔ وہ ایک کثیر الجہتی شخصیت تھے۔ ان کے متنوع اسلوب کا ایک عالم معترف تھا۔ انھوں نے اردو نثر، اردو شاعری، اردو انشائیہ، سوانح نگاری، تحقیق، تنقید اور تاریخ میں وہ کارہائے نمایاں انجام دیئے کہ دنیا بھر میں ان کی خدمات کا اعتراف کیا گیا۔ ڈاکٹر

وزیر آغا ایک باکمال ادیب لازوال تخلیق کار، بے مثال دانش رو، نابغہ روزگار نقاد، حریت فکر کے مجاہد اور عظیم انسان تھے۔ انھوں نے اردو ادب کی ثروت میں جو بے پناہ اضافہ کیا۔ وہ تاریخ ادب میں سنہری حروف میں لکھا جائے گا۔ڈاکٹر وزیر آغا نے اردو زبان و ادب کے فروغ کے لیے تمام وسائل اور عمر عزیز وقف کر رکھی تھی۔ اپنی زندگی کے آخری ایام میں بھی وہ پرورش لوح و قلم کا فریضہ انجام دیتے رہے۔

آلام روز گار کے مہیب بگولوں میں بھی انھوں نے حریت ضمیر سے جینے کے لیے اسوۂ شبیر کو اپناتے ہوئے حریت فکر و عمل کا علم بلند رکھا۔ڈاکٹر وزیر آغا کا تعلق فارسی بولنے والے ایرانی النسل قزلباش خاندان سے تھا۔ ان کے والد کا آبائی پیشہ تجارت تھا اور وہ گھوڑوں کی تجارت سے روزی کماتے تھے جب پورا بر صغیر برطانیہ کی نو آبادی تھا تو اس دوران میں ڈاکٹر وزیر آغا کے والد کو بر صغیر کے برطانوی حکمرانوں کی طرف سے ۷۵۰ ایکڑ (۳۔۰ ۲Km) پر مشتمل ایک جاگیر عطا کی گئی یہ جاگیر ضلع سرگودھا میں وزیر کوٹ قصبہ میں اب بھی ان کے ورثا کی تحویل میں ہے اور یہاں کھیتی باڑی کی جاتی ہے۔ڈاکٹر وزیر آغا نے فارسی زبان اپنے والد سے سیکھی اور پنجابی اِن کی مادری زبان تھی۔ جہاں تک انگریزی زبان کا تعلق ہے انھوں نے انگریزی زبان کی استعداد اپنے انگریزی بولنے والے احباب سے گہرے ربط اور تبادلہ خیال اور وسیع مطالعہ کے ذریعے حاصل کی۔ انگریزی زبان و ادب پر انھیں کامل دسترس حاصل تھی۔ انھوں نے دریدا، رولاں بارتھ، سوسئیر اور لاکاں کا عمیق مطالعہ کیا اور ان کے خیالات پر اپنے مدلل دلائل سے اردو تنقید کا دامن متنوع نظریات سے مالامال کر دیا۔

زمانہ طالب علمی ہی سے انھیں عالمی ادبیات اور شاعری سے گہری دلچسپی تھی۔ انھوں نے عالمی کلاسیک کا تفصیلی مطالعہ کیا اور ان کے خیالات سے بھرپور استفادہ

کر کے اردو ادب کو دھنک رنگ مناظر سے مزین کر دیا۔ پنجابی کلاسیکی شاعری سے انھیں گہری دلچسپی تھی۔ جھنگ میں قیام کے دوران میں انھیں حضرت سلطان باہو کی شاعری سے دلچسپی پیدا ہوئی۔ انھوں نے ابیات باہو کا مطالعہ کیا اور سلطان باہو کے کئی بیت انھیں زبانی یاد تھے۔ یہ بیت سن کر تو وہ فرط عقیدت سے اشکبار ہو جاتے اور آنسو ضبط کرنا محال ہو جاتا۔ ع

تاڑی ماڈانہ سانوں اسیں آپے اڈن ہارے ہو

اپنے آبائی گاؤں سے ابتدائی تعلیم مکمل کرنے کے بعد ڈاکٹر وزیر آغا نے تاریخی مادر علمی گورنمنٹ کالج جھنگ میں انٹر میڈیٹ کلاس میں داخلہ لیا۔ وہ اکثر کہا کرتے تھے کہ گورنمنٹ کالج جھنگ محض درسگاہ نہیں بلکہ یہ تو ایک درگاہ ہے جہاں قسمت نوع بشر تبدیل ہو جاتی ہے۔ یہاں حاضری دینے والے گوہر مراد پاتے ہیں اور یہاں ذرے کو آفتاب بننے کے بے شمار مواقع میسر ہیں۔ جو اس ادارے کی عظمت کا معترف نہیں وہ آپ بے بہرہ ہے۔ گورنمنٹ کالج جھنگ میں ڈاکٹر وزیر آغا کو نابغۂ روزگار اساتذہ سے استفادہ کا موقع ملا۔ وہ جن اساتذہ کا نام بڑی عزت و احترام سے لیتے تھے ان میں رانا عبدالحمید خان، سی۔ ایم صادق، ایم۔ اے خان، غلام رسول شوق اور ڈاکٹر نذیر احمد کے نام قابل ذکر ہیں۔ یہ وہ آفتاب و ماہتاب ہیں جن کے افکار کی ضیاپاشیوں نے اذہان کی تطہیر و تنویر کا نہایت مؤثر اہتمام کیا۔ گورنمنٹ کالج جھنگ میں ڈاکٹر وزیر آغا کے ہم جماعت پروفیسر ڈاکٹر عبدالسلام (نوبل انعام یافتہ پاکستانی سائنس دان) بھی تھے۔ سردار باقر علی خان بھی ان کے ہم جماعت تھے۔ سردار باقر علی خان بعد میں انڈین سول سروس کے امتحان میں اول آئے اور ملتان کے کمشنر مقرر ہوئے۔ ان کی یادوں کا مسودہ "قصہ ایک درویش کا" ان کے آبائی گھر واقع ٹھٹھی لنگر تحصیل جھنگ موجود ہے اس میں انھوں

نے اپنے زمانہء طالب علمی کی تمام یادیں قلم بند کی ہیں۔

گورنمنٹ کالج جھنگ کے علمی ادبی ماحول نے ڈاکٹر وزیر آغا کے ادبی ذوق کو صیقل کیا اور وہ اس کالج کے علمی و ادبی مجلے چناب کے مدیر متعلم منتخب ہو گئے۔ یہ انتخاب مقابل مضمون نویسی میں اول آنے کی بدولت وہ جیتے۔ اس سے ان کی خداداد ذہانت اور تخلیقی استعداد کا اندازہ لگایا جا سکتا ہے۔ ڈاکٹر وزیر آغا کی ادارت میں "چناب" نے یاد گار اشاعتوں کا اہتمام کیا۔ گورنمنٹ کالج جھنگ میں ڈاکٹر وزیر آغا نے ادبی نشستوں کا اہتمام کیا۔ شام کو منعقد ہونے والی ان ادبی نشستوں میں اس وقت کے ممتاز ادیبوں کو مدعو کیا جاتا تھا۔ ان میں سید جعفر طاہر، مجید امجد، شیر افضل جعفری، کبیر انور جعفری، صاجبزادہ رفعت سلطان، سید مظفر علی ظفر، خادم مگھیانوی، الحاج سید غلام بھیک نیرنگ، غلام محمد رنگین، امیر اختر بھٹی، بلال زبیری، تقی الدین انجم علیگ اور صدیق لالی کے نام قابل ذکر ہیں۔ جھنگ کی ادبی تاریخ میں یہ محافل ہمیشہ یاد رکھی جائیں گی۔ ڈاکٹر وزیر آغا ان ادبی محفلوں کی روح رواں تھے۔ زمانہ لاکھ ترقی کرے ایسی ہستیاں اب دنیا میں کہاں۔

سب کہاں کچھ لالہ و گل میں نمایاں ہو گئیں خاک میں کیا صورتیں ہوں گی کہ پنہاں ہو گئیں

گورنمنٹ کالج جھنگ سے تعلیم مکمل کرنے کے بعد ڈاکٹر وزیر آغا گورنمنٹ کالج لاہور پہنچے اور معاشیات میں ایم۔ اے کی ڈگری حاصل کی۔ ۱۹۵۳ میں ان کی کتاب "مسرت کی تلاش میں" منظر عام پر آئی۔ ۱۹۵۶ میں انھوں نے "اردو ادب میں طنز و مزاح" کے موضوع پر تحقیقی مقالہ لکھ کر پی ایچ۔ ڈی کی ڈگری حاصل کی۔ ۱۹۶۰ میں ان کی ادبی زندگی کا درخشاں دور شروع ہوا جب وہ مولانا صلاح الدین احمد کے رجحان ساز ادبی مجلے "ادبی دنیا" کے مدیر معاون مقرر ہوئے۔ وہ مسلسل تین سال تک اس ممتاز ادبی مجلے

کے ساتھ وابستہ رہے اور مولانا صلاح الدین احمد سے اکتساب فیض کیا۔۱۹۶۵ میں ڈاکٹر وزیر آغا نے اپنا الگ ادبی مجلہ "اوراق " شائع کیا۔اوراق کی اشاعت سے ان کی تخلیقی، تنقیدی اور تجزیاتی آرا کھل کر سامنے آتی چلی گئیں۔اس ادبی مجلے کو عالمی سطح پر خوب پذیرائی نصیب ہوئی۔اس ادبی مجلے نے مسلسل چار عشروں تک فروغ علم وادب کے سلسلے میں جو گراں قدر خدمات انجام دیں ان کا پوری دنیا میں اعتراف کیا گیا۔ڈاکٹر وزیر آغا کی وفات سے چند برس قبل اس مجلے کی اشاعت تعطل کا شکار ہو گئی۔ڈاکٹر وزیر آغا کی علالت کے باعث "اوراق" عارضی تعطل کا شکار ہوا مگر اب ان کی وفات کے بعد یہ روشن ستارہ بھی گہنا گیا ہے اب " اوراق" تاریخ کے ان طوماروں میں دب گیا ہے جہاں پہلے سے افکار، فنون، ادبی دنیا اور تہذیب الاخلاق پہلے سے موجود ہیں۔ایسے مجلات جن کی ضیاپاشیوں سے سفاک ظلمتوں کو کافور کرنے میں مدد ملی اب ماضی کا حصہ بن چکے ہیں۔وہ آفتاب و ماہتاب جو افق علم و ادب پر نصف صدی سے زائد عرصے تک اپنی تابانیاں بکھیرتے رہے اب گہنا چکے ہیں۔ایسے دانائے راز اب کہاں۔

ڈھونڈو گے ہمیں ملکوں ملکوں ملنے کے نہیں نایاب ہیں ہم
تعبیر ہے جس کی حسرت و غم اے ہم نفسو وہ خواب ہیں ہم

ڈاکٹر وزیر آغا کی ابتدائی نظمیں ۱۹۴۸ میں جب مولانا صلاح الدین کے ادبی مجلے " ادبی دنیا" میں شائع ہوئیں تو ممتاز ادیبوں نے انھیں بہت سراہا اور ان کے کلام کو بہت پذیرائی حاصل ہوئی۔ یہ وہ دور تھا جب وہ گورنمنٹ کالج جھنگ میں زیر تعلیم تھے۔ڈاکٹر وزیر آغا نے اردو تنقید اور تحقیق کو مقاصد کی رفعت میں ہمدوش ثریا کر دیا۔پنجاب یونیورسٹی لاہور کے زیر اہتمام شائع ہونے والی کتاب " تاریخ ادبیات مسلمانان پاکستان و ہند میں ان کے اہم تحقیقی مقالات بہت اہمیت کے حامل ہیں۔اردو دائرۃ المعارف میں ان

کی شمولیت سے اس گراں قدر تصنیف کی ثقاہت کا ایک عالم معترف ہو گیا۔ ان کے والد وسعت علی خان نے جب انھیں گورنمنٹ ہائی سکول لالیاں تحصیل چنیوٹ ضلع جھنگ (پنجاب پاکستان) میں ابتدائی کلاسز میں داخل کرایا تو اس وقت سے جھنگ شہر سدا رنگ کی علمی و ادبی روایات سے وابستہ ہو گئے۔ میاں صدیق لالی سے ان کی شناسائی اس عرصے میں ہوئی۔ اس سے یہ حقیقت روز روشن کی طرح واضح ہو جاتی ہے کہ ڈاکٹر وزیر آغا کی ادبی تربیت میں جھنگ کی ممتاز ادبی شخصیات کا نمایاں حصہ ہے۔ ڈاکٹر وزیر آغا کی ساٹھ کے قریب وقیع تصانیف ہیں۔ انھوں نے تمام عمر علم و ادب کو اپنا اوڑھنا بچھونا بنائے رکھا۔ اپنے آبائی پیشہ زراعت کے علاوہ باقی وقت کتابیں ان کا چمن ہوتی تھیں۔ ڈاکٹر وزیر آغا کی تصانیف کو علمی ادبی حلقوں میں جو شرف قبولیت نصیب ہوا وہ تاریخ ادب کا ایک درخشاں باب ہے۔ ان کی تصانیف درج ذیل ہیں:-

۱۔ اردو ادب میں طنز و مزاح ۱۹۵۸

۲۔ تخلیقی عمل ۱۹۷۰

۳۔ اردو شاعری کا مزاج ۱۹۶۵

۴۔ تصورات عشق و خرد اقبال کی نظر میں ۱۹۷۷

۵۔ مجید امجد کی داستان محبت ۱۹۹۱

۶۔ غالب کا ذوق تماشا ۱۹۹۷

۷۔ نظم جدید کی کروٹیں ۱۹۶۳

۸۔ تنقید اور احتساب ۱۹۶۸

۹۔ نئے مقالات ۱۹۷۲

۱۰۔ نئے تناظر ۱۹۷۹

۱۱۔ معنی اور تناظر ۱۹۹۸

۱۲۔ تنقید اور مجلسی تنقید ۱۹۷۵

۱۳۔ دائرے اور لکیریں ۱۹۸۶

۱۴۔ تنقید اور جدید اردو تنقید ۱۹۸۹

۱۵۔ انشائیے کے خدوخال ۱۹۹۰

۱۶۔ ساختیات اور سائنس ۱۹۹۱

۱۷۔ دستک اس دروازے پر ۱۹۹۴

۱۸۔ امتزاجی تنقید اور سائنس فکری تناظر ۲۰۰۶

۱۹۔ شام کی منڈیر سے (خود نوشت)

۲۰۔ شام اور سائے (شاعری)

۲۱۔ دن کا زرد پہاڑ (شاعری)

۲۲۔ نروان (غزلیں)

۲۴۔ آدھی صدی کے بعد (شاعری)

۲۵۔ خیال پارے (انشائیے)

۲۶۔ چوری سے یاری تک (انشائیے)

۲۷۔ دوسرا کنارہ (انشائیے)

۲۸۔ شام دوستاں آباد (خاکے)

ڈاکٹر وزیر آغا نے آزادی اظہار کو انسانی آزادی سے تعبیر کرتے تمام عمر عجز و انکسار، استغنا، قناعت اور استقامت کا ارفع ترین معیار قائم رکھا۔ ان کی تخلیقی فعالیت اس حقیقت کی مظہر ہے کہ دل کی آزادی ہی ان کے لیے شہنشاہی کا درجہ رکھتی تھی۔ وہ در قیصر و کسریٰ کو کھنڈر سمجھتے تھے اور انھوں نے کبھی کسی فرعون، نمرود، ہلاکو خان یا آسو بلا خان کے جعلی جاہ و جلال اور کروفر کو لائق اعتنا نہ سمجھا۔ ان کی شاعری میں صبر و استقامت کی درخشاں مثالیں ہر دور میں دلوں کو ایک ولولۂ تازہ عطا کرتی رہیں گی۔ زند گی

اور اس کے اسرار و رموز کی گرہ کشائی کرنا کس کے بس میں ہے۔ خالق کائنات نے انسان کو اس وسیع و عریض دنیا مین بھیج کر سعی پیہم کے لیے ایک میدان عمل کا تعین کر دیا ہے۔ فرصت زندگی اگرچہ بہت کم ہے مگر جو دم بھی میسر ہے وہی مغتنم خیال کرنا چاہیے۔ ڈاکٹر وزیر آغا نے لکھا ہے

کہنے کو چند گام تھا یہ عرصۂ حیات
لیکن تمام عمر ہی چلنا پڑا مجھے

قحط الرجال کے موجودہ زمانے میں ہوس زر نے انسانیت کو ناقابل اندمال صدمات سے دوچار کر دیا ہے۔ بے حسی کا عفریت چاروں جانب منڈلا رہا ہے۔ ڈاکٹر وزیر آغا کی شاعری میں خلوص اور دردمندی، قوی مشاہدہ، آفاقی اور کائناتی انداز فکر، متنوع تجربات اور دلدوز مشاہدات کے جو کرشمے موجود ہیں وہی ہمیں میرا جی، مجید امجد اور فیض احمد فیض کے ہاں بھی ملتے ہیں۔ انھوں نے ان شعرا کے کالم کا بغور مطالعہ کرنے کے بعد ان سے یقیناً اثرات قبول کیے ہیں۔ ڈاکٹر وزیر آغا کی شاعری میں دروں بینی کی جو کیفیت ہے وہ تخلیق کے لاشعوری محرکات کی غماز ہے۔ ایسا محسوس ہوتا ہے کہ صریر خامہ نے نوائے سروش کی صورت اختیار کر لی ہے اور یہ کلام دلوں کو مرکز مہر و وفا کرنے کا مؤثر وسیلہ بن جاتا ہے۔

جبین سنگ پہ لکھا مرا افسانہ گیا
میں رہگزر تھا مجھے روند کے زمانہ گیا

اب تو آرام کریں سوچتی آنکھیں میری
رات کا آخری تارا بھی ہے جانے والا

ڈاکٹر وزیر آغا کی نظم نگاری سے اردو نظم کی ثروت میں بے پناہ اضافہ ہوا۔ ان کی

بات دل سے نکلتی اور سیدھی دل میں اتر جاتی ہے۔ قلب اور روح کی گہرائیوں میں اتر جانے والی اثر آفرینی کے معجز نما اثر سے وہ اپنی شاعری کو کمال خلوص اور دردمندی سے پیش کرتے ہیں۔ ان کا اسلوب ان کی ذات ہے۔ یہ اسلوب اس قدر منفرد اور دلکش ہے کہ شاعری در اصل ساحری کے روپ میں جلوہ گر ہوتی ہے اور قاری اس کے ہمہ گیر اثرات کی بدولت مسحور ہو جاتا ہے۔ تاثیر اور وجدان کی یہ کیفیت ان کی شاعری کا امتیازی وصف ہے۔

ٹین کی چھت پر اپنے اجلے پر پھیلاتا
آنے والی سرخ رتوں کے بھاگوں میں جب کھو جائے گا
سب آوازیں تھم جائیں گی
پلکیں تھک کر سو جائیں گی
گئے دنوں کا نام منوں مٹی کے نیچے دب جائے گا
سب آوازیں تھم جائیں گی
پلکیں تھک کر سو جائیں گی
گئے دنوں کا نام منوں مٹی کے نیچے دب جائے گا
اگلا ساون کب آئے گا؟

یہ وہ سوال ہے جس کا جواب کسی کے پاس نہیں۔ ہماری آنکھیں یادرفتگاں میں ساون کے بادلوں کی طرح برستی رہیں گی، ہم قلزم خوں پار کر جائیں گے، ہم زینۂ ہستی سے اتر جائیں گے مگر جنھیں ہم دیکھ کر جیتے تھے ان کے ہمراہ اگلا ساون دیکھنا کبھی نصیب نہ ہو گا۔ اجل کے ہاتھوں جو گھاؤ لگتے ہیں وہ درد لا دوا دے جاتے ہیں۔ ڈاکٹر وزیر آغا نے علامت کو ایک ایسے نفسیاتی کل کا روپ عطا کر دیا ہے جو قاری کو اپنی

گرفت میں لے کر خواب غفلت سے جگانے کی صلاحیت سے متمتع ہے۔ چاند چہرے شب فرقت پہ وار کے آفتاب و ماہتاب لحد میں اتار کے دامن جھاڑ کے ہم بے بسی کے عالم میں اپنے سونے آنگن میں حسرت و یاس کی تصویر بنے بیٹھے ہوتے ہیں مگر اگلا ساون اب کبھی نہیں آئے گا۔

ڈاکٹر وزیر آغا نے اردو نظم کو نئے امکانات سے آشنا کیا۔ ان کی نظمیں ان کے وسیع مطالعہ اور آفاقی انداز فکر کی آئینہ دار ہیں مثال کے طور پر ان کی نظم " آدھی صدی کے بعد " سیل زماں کے تھپیڑوں کا حقیقی احوال بیان کرتی ہے جن کی زد میں آکر نظام کہنہ اور تخت و کلاہ و تاج کے سب سلسلے خس و خاشاک کے مانند بہہ جاتے ہیں۔ اسی طرح اپنی نظم " ایک کتھا انوکھی " میں انھوں نے زندگی کی حقیقی معنویت کے بارے میں نہایت خلوص اور دردمندی سے مثبت شعور اور آگہی پروان چڑھانے کی مستحسن سعی کی ہے۔ ڈاکٹر وزیر آغا نے آزاد نظم اور نثری نظم میں بھی خوب طبع آزمائی کی اور زبان و بیان اور اسلوب پر اپنی خلاقانہ دسترس کا لوہا منوایا۔ ان کی نظم " دن ڈھل چکا تھا " غزل کی ہیئت میں لکھی گئی ہے یہ نظم اسلوب اور ڈسکورس کے اعتبار سے اپنی مثال آپ ہے۔

دن ڈھل چکا تھا اور پرندہ سفر میں تھا
سارا بدن لہو کا رواں مشت پر میں تھا
جاتے کہاں کہ رات کی باہیں تھیں مشتعل
چھپتے کہاں کہ سارا جہاں اپنے گھر میں تھا
حد افق پہ شام تھی خیمے میں منتظر
آنسو کا اک پہاڑ سا حائل نظر میں تھا
لو وہ بھی خشک ریت کے ٹیلے میں ڈھل گیا
کل تک جو ایک کوہ گراں رہگزر میں تھا

پاگل سی اک صدا کسی اجڑے مکاں میں تھی
کھڑکی میں اک چراغ بھری دوپہر میں تھا
اس کا بدن تھا خون کی حدت میں شعلہ پوش
سورج کا اک گلاب سا طشت سحر میں تھا

اکادمی ادبیات پاکستان نے مشاہیر ادب پر کتابوں کی اشاعت کا جو سلسلہ شروع کر رکھا ہے اس کے تحت ڈاکٹر وزیر آغا کی شخصیت، اسلوب اور علمی و ادبی خدمات پر ایک جامع کتاب شائع ہو چکی ہے۔ اس کتاب مین مصنف نے اس یگانۂ روزگار دانشور کو خراج تحسین پیش کر کے پاکستانی ادبیات کا سر فخر سے بلند کر دیا ہے۔ ڈاکٹر وزیر آغا نے فروغ علم و ادب کے لیے جو گراں قدر خدمات انجام دیں ان کے اعتراف میں حکومت پاکستان نے انھیں ۱۹۹۵ میں اکادمی ادبیات پاکستان کا تاحیات رکن مقرر کیا۔ پاکستان میں ادیبوں کی فلاح و بہبود کے متعدد منصوبے ڈاکٹر وزیر آغا نے تجویز کیے۔ اس وقت پاکستان کے تمام ادیبوں کی انشورنس کی جس سکیم پر عمل جاری ہے ڈاکٹر وزیر آغا کا شمار اس کے بنیاد گزاروں میں ہوتا ہے۔ ۷ ستمبر ۲۰۱۰ کی شام جب ڈاکٹر وزیر آغا نے لاہور میں داعی اجل کو لبیک کہا تو ان کا جسد خاکی ان کے آبائی گاؤں وزیر کوٹ لایا گیا، جہاں انھیں ملک کے طول و عرض سے آئے ہوئے ہزاروں سوگواروں کی موجودگی میں سپرد خاک کر دیا گیا۔ اس کے ساتھ ہی پاکستان میں اردو ادب کا ایک درخشاں باب اختتام کو پہنچا۔

مقدور ہو تو خاک سے پوچھوں کہ اے لئیم
تو نے وہ گنج ہائے گراں مایہ کیا کیے

☆☆☆

جون وولف گینگ وان گوئٹے

Johan Wolfgangven Goethe

۲۸ اگست ۱۷۴۹ کو فری امپیریل سٹی آف فرینکفرٹ جرمنی میں اس ادیب نے آنکھ کھولی جس کی ادبی کامرانیوں اور تخلیقی فتوحات کو دیکھ کر پوری دنیا کی آنکھیں کھلی کی کھلی رہ گئیں۔ ایک قادر الکلام شاعر، عظیم ناول نگار، مؤثر ڈرامہ نگار، نیچرل فلسفی اور شہرہ آفاق سفارت کار کی حیثیت سے گوئٹے نے بڑے زوروں سے اپنے آپ کو منوایا۔ عالمی کلاسیک میں گوئٹے کی علمی و ادبی کامیابیوں نے پوری دینا میں اس کی دھاک بٹھادی۔ جذبۂ انسانیت نوازی اور سائنسی انداز فکر کو بروئے کار لانے والے اس ہفت اختر ادیب نے اپنی تخلیقات کے معجز نما اثر سے عالمی ادبیات پر ہمہ گیر مرتب کیے۔ گوئٹے نے عالمی ادبیات کو معیار اور وقار کے اعتبار سے آفاق کی وسعت اور آسمان کی بلندی سے ہمکنار کر دیا۔

اٹھارہویں صدی کے اختتام اور انیسویں صدی کے آغاز میں گوئٹے کے ادبی منصب کو لائق صد رشک و تحسین قرار دیا جاتا ہے۔ رومانیت اور کلاسیکیت کے پرتو گوئٹے کی تخلیقات میں جلوہ گر ہیں۔ ادب کی عالمگیریت اور آفاقیت کے تصور کو پروان چڑھانے کے سلسلے میں گوئٹے کے خیالات کی افادیت کو دنیا بھر میں پذیرائی نصیب ہوئی۔ بالخصوص جرمن فلسفہ پر گوئٹے کے افکار نے فکر و نظر کی کایا پلٹ دی۔ ہیگل اور شیلنگ کے افکار پر یہ اثرات نمایاں ہیں۔ رفتہ رفتہ پورے یورپ میں گوئٹے کے خیالات کی

بازگشت سنائی دینے لگی۔

گوئٹے نے لاطینی، یونانی، فرنچ اور انگریزی زبان پر دسترس حاصل کی۔ فنون لطیفہ میں اس کی دلچسپی اس کے ذوق سلیم کی مظہر ہے۔ گوئٹے کو تھیٹر اور پتلی تماشا بہت پسند تھا۔ گوئٹے نے شعبہ قانون میں بھی دلچسپی لی اور قانون کی باضابطہ تعلیم حاصل کی۔ گوئٹے نے پسند کی شادی کی اور اس کا ایک بیٹا بھی پیدا ہوا ۲۲ مارچ ۱۸۳۲ کو یہ عظیم تخلیق کار زینہ ہستی سے اتر کر زیر زمین چلا گیا۔

سب کہاں کچھ لالہ و گل میں نمایاں ہو گئیں
خاک میں کیا صورتیں ہوں گی جو پنہاں ہو گئیں

گوئٹے کی تصانیف

گوئٹے نے اپنی متنوع تخلیقی فعالیت سے جرمن ادب کی ثروت میں اضافہ کیا۔ ان کی تفصیل حسبِ ذیل ہے:-

۱۔ ڈراما گوئس ۱۷۷۱

۲۔ ناول "نوجوان ورتھر کی داستان غم" ۱۷۷۴

۳۔ ڈراما "ایگومنٹ" ۱۷۷۸

۴۔ ڈراما "فاؤسٹ" پہلا حصہ ۱۸۰۸

۵۔ غرب شرقی دیوان (شاعری کا مجموعہ) ۱۸۱۹

گوئٹے ی شاعری بالخصوص، غرب شرقی دیوان (West- Eastern Divan) پر فارسی کے ممتاز شاعر حافظ کے اثرات نمایاں ہیں۔ ڈراما فاؤسٹ کا دوسرا حصہ گوئٹے نے اپنی زندگی کے آخری ایام میں مکمل کیا اور اس کی اشاعت گوئٹے کی وفات کے بعد ہوئی۔

گوئٹے کی زندگی جاں گسل تنہائیوں اور اعصاب شکن ماحول کی بھینٹ چڑھ گئی۔ ۱۸۰۶ میں گوئٹے جب عالم تنہائی میں ویمر (Weimar) میں اپنی خادمہ کرسٹین ولپیس (Christiane Vulpius) کے ہمراہ مقیم تھا، اسی اثنا میں نپولین کی افواج نے اس قصبہ پر یلغار کی اور اسے فتح کر لیا۔ نیم مسلح دستوں نے گوئٹے کی رہائش گاہ پر قبضہ کر لیا۔ گوئٹے نے اسی عرصے میں خادمہ سے شادی کر لی۔ اس کا ایک بچہ پیدا ہوا گردش ایام ہر وقت گوئٹے کے تعاقب میں رہی ۱۸۱۶ میں اس کی بیوی اسے دائمی مفارقت دے گئی۔

گوئٹے عمر بھر سفاک ظلمتوں کو کافور کرنے کے لیے اپنا دل جلا کر اجالے کی تمنا کا آرزو مند رہا۔ موت کے وقت اس کے آخری الفاظ یہ تھے۔

"روشنی! اے روشنی"

گوئٹے نے اپنی وسعت نظر اور تبحر علمی سے اپنے اسلوب کو تنوع سے آشنا کیا۔ جنس اور جذبات کے موضوع پر اس نے جرات اظہار کی عمدہ مثال پیش کی۔ اس کے خیالات آفاقی اقدار کے ترجمان ہیں۔ وہ ایام کا مرکب نہیں راکب دکھائی دیتا ہے۔ وہ علاقے، نسل، قوم اور کسی ملک کے حصار میں نہیں رہتا بلکہ اس کی تخلیقی فعالیت بے کراں نظر آتی ہے۔ اسی حقیقت کے پیش نظر اس نے کہا تھا:

" Science and art belong to the whole world and before them vanish barriers of nationality"۔

دنیا بھر میں گوئٹے کے افکار پر تحقیق اور تنقید کا ایک غیر مختتم سلسلہ جاری ہے۔ گوئٹے کے آخری الفاظ کے مطابق روشنی کی جستجو اور روشنی سے والہانہ محبت کرنے والوں نے اس کے پیغام کو دنیا بھر میں عام کرنے میں کوئی کسر اٹھا نہیں رکھی۔ روشنی کا یہ سفر تا ابد جاری رہے گا۔ گوئٹے نے اپنی تخلیقی فعالیت کے اعجاز سے الفاظ کو گنجینۂ معانی کا طلسم بنا

دیا۔ اس نے اپنے فکر و فن کی اساس افکار تازہ کو بنایا۔ گوئٹے پر ہونے والے کام کا اجمالی جائزہ پیش خدمت ہے:

۱۔ Books of Johann Wolfgang von Goethe Theory of Colours by Johann Wolfgang von Goethe and Charles L Eastlake

۲۔ Italian Journey: ۱۷۸۶-۱۷۸۸ (Penguin Classics) by Johann Wolfgang von Goethe, W H. Auden, and Elizabeth Mayer

۳۔ Selected Poetry of Johann Wolfgang von Goethe (Penguin Classics) by Johann Wolfgang von Goethe and David Luke

۴۔ Faust: A Tragedy (Norton Critical Editions) by Johann Wolfgang von Goethe, Cyrus Hamlin, and Walter W. Arndt

۵۔ Autobiography by Johann Wolfgang von Goethe

۶۔ Faust: Der Tragödie, Erster Teil (Dodo Press) (German Edition) by Johann Wolfgang von Goethe

۷۔ Johann Wolfgang Goethe: Urfaust (Universal-Bibliothek) (German Edition

۸۔ Selected Poems (Goethe: The Collected Works,

Vol۔ ۱) by Johann Wolfgang von Goethe, Christopher Middleton, Michael Hamburger, and David Luke

۹۔ Faust (German Edition) by Johann Wolfgang von Goethe

۱۰۔ Essays on Art and Literature (Goethe: The Collected Works, Vol۔ ۳) by Johann Wolfgang von Goethe, John Gearey, Ellen von Nardroff, and Ernest H۔ von Nardroff

۱۱۔ Egmont by Johann Wolfgang von Goethe

۱۲۔ Faust by Johann Wolfgang Von Goethe and Bayard Taylor

علامہ اقبال نے بھی گوئٹے کے افکار کو بنظر تحسین دیکھا۔ پیام مشرق مطبوعہ ۱۹۲۳ کے ابتدائی اوراق میں گوئٹے کا ذکر ملتا ہے۔ گوئٹے کی کتاب زیست کے تمام ابواب محبت کی زبان کو اہمیت دی گئی ہے۔ اس کا خیال ہے کہ تمام کتابوں سے ارفع اور مقدس کتاب تو بہر حال کتاب محبت ہی ہے۔ وہ اسی کتاب کے مطالعہ کو حاصل زیست قرار دیتا ہے۔ اس کے ساتھ ساتھ وہ اس جانب بھی متوجہ کرتا ہے کہ کتاب محبت کے اوراق میں جہاں رنگ خوشبو اور حسن وخوبی کے استعارے اپنی عطر بیزیوں کی بدولت دامن دل کھینچتے ہیں وہاں اذیت، مصیبت، ملامت اور بلائیں بھی کثرت سے موجود ہیں۔ انسان کو یہاں مرحلۂ شوق طے کرتے وقت جہاں ہر لحظہ نیا طور نئی برق تجلی کا سماں پیش نظر ہوتا ہے۔ وہاں ہر موج میں حلقہ صد کام نہنگ کا دام بچھا ہے جو قطرے کے گہر ہونے

کے تمام مراحل کو شدید اضطراب سے دوچار کرتا ہے اور دل کے مقتل میں کئی حسرتیں خون ہو جاتی ہیں اور آرزوئیں مات کھا کر رہ جاتی ہیں۔ جب امیدوں کی فصل غارت ہو جائے اور صبحوں شاموں کی محنت اکارت چلی جائے تو انسان کرچیوں میں بٹ جاتا ہے۔ ان لرزہ خیز حالات میں بھی گوئٹے حوصلے اور امید کا دامن تھام کر محبت کی شمع فروزاں کیے ہوئے مہیب سناٹوں ، جان لیوا تنہائیوں اور گمبھیر تاریکیوں میں پیمانِ وفا باندھ کر پرورش لوح و قلم میں مصروف رہتا۔ اپنی محبوبہ سے مخاطب ہو کر کہتا ہے۔

"تم نے اس کتاب کے موضوعات عطا کیے یہ تمھاری ہی عطا ہے۔"(۱)

"میری رگوں میں ایک بار پھر رقصاں ہے گرما اور بہار کا جاں بخش شعلہ "(۱)

No wonder, that our joy's complete
While eye and eye responsive meet,
When this blest thought of rapture moves us--
That we're with Him who truly loves us,
And if He cries -- Good, let it be!
'Tis so for both, it seems to me۔
Thou'rt clasped within these arms of mine,
Dearest of all God's thoughts divine! ((۲

آزاد اردو ترجمہ

کیا عجب ہماری خوشیوں کی تکمیل ہو جائے
جب آنکھ سے آنکھ ملے
اظہار محبت سے قسمت تبدیل ہو جائے

اور یہ کہ ہم اس کے ہیں جو ہم سے حقیقی پیار کرتا ہے
وہ دلی کرب کا اظہار کرتا ہے
مجھے تو یوں محسوس ہوتا ہے
کہ ہم دونوں کو یکساں ہی کرب کا احساس ہوتا ہے
کیا تم وہی نہیں ہو جو کہ سمٹ آئے ہو
میرے بازوؤں کی گرفت میں اس آن
تم تو مجھے سب سے عزیز ہو
خالق کائنات کی اس دھرتی میں سن لو میری جان

(ترجمہ فضہ پروین)

ترجمے کے ذریعے دو تہذیبوں کو قریب تر لانے میں مدد مل سکتی ہے۔ گوئٹے کے تخلیقی فن پارے مواد، ہیئت، زبان و بیان اور موضوع کی ندرت کے اعتبار سے پتھروں کو بھی موم کر دیتے ہیں۔ حسن و رومان کی دلفریب کیفیت قاری کو ورطۂ حیرت میں ڈال دیتی ہے۔ ایذرا پاؤنڈ نے ادب کی درخشاں اقدار کو زیر بحث لاتے ہوئے لکھا ہے:

" اعلیٰ ادب ایسی سادہ زبان ہے جس میں اعلیٰ ترین معانی ممکن حد تک سمو دیئے جائیں "(۳)

گوئٹے کی تخلیقات میں رومانی عنصر کا غلبہ یہ ظاہر کرتا ہے کہ حسن و رومان کی علامتوں کے سوتے اس کے لاشعور سے پھوٹتے ہیں۔ گوئٹے نے فطرت کے حسن بے پروا کو رومانی جذبات اور حسن کی لفظی مرقع نگاری سے اس قدر مسحور کن بنا دیا ہے کہ اس کے دلکش اسلوب کے معجز نما اثر سے وجدان اور لاشعور کی حدیں باہم ملتی دکھائی دیتی ہیں۔ ایسے بھی مقامات آتے ہیں جہاں وہ لاشعور کی ایک مخصوص طرز ادا یعنی

اشاریت کو نہایت فن کارانہ مہارت سے روبہ عمل لا کر خون بن کر رگ سنگ میں اترنے پر قدرت حاصل کر لیتا ہے۔ زبان اور بیان پر اس کی خلاقانہ دسترس، تخیل کی ندرت، موضوعات کا تنوع اور اظہار کی انفرادیت اس کے ہاں نمایاں ہے۔ گوئٹے کا کمال یہ ہے کہ اس نے تہذیب و تمدن، ادب، کلچر اور معاشرتی زندگی کے تمام ارتعاشات کو اپنے تخلیقی اظہار کے وسیلے سے جریدۂ عالم پر ثبت کر دیا ہے۔ قلبی اور روحانی وارداتوں اور دروں بینی کا جو بے ساختہ پن گوئٹے کے ہاں جلوہ گر ہے وہ اسے منفرد اور ممتاز مقام عطا کرتا ہے۔ اس کی تمام تر تخلیقی فعالیت کا انحصار ندرت تخیل پر ہے۔

گوئٹے پر جرمن فلسفی ہرڈر کے اثرات نمایاں ہیں۔ اس کے علاوہ گوئٹے نے جرمن صوفی ہیمن سے بھی اثرات قبول کیے۔ لوک گیتوں سے بھی گوئٹے کی دلچسپی ہرڈر کی بدولت ہے اور جہاں تک روحانیت اور وجدان کا تعلق ہے اس کے سوتے بیش تر ہیمن کے افکار سے پھوٹتے ہیں۔

گوئٹے کی تخلیقات پر طائرانہ نظر

ا۔ ڈراما "گوئس" ۱۷۷۱

اپنی نوعیت کے لحاظ سے یہ جرمن ادب میں سنگ میل کی حیثیت رکھتا ہے۔ ڈراما کا ہیرو ایک جانباز شخص ہے جو ظالمانہ استحصالی نظام کے خلاف سینہ سپر ہو جاتا ہے۔ اپنی جان کی پروا کے بغیر وہ کئی مہمات سر کرتا ہے بالآخر اپنی جان کی بازی ہار جاتا ہے۔ حسن بے پروا کے ساتھ کشمکش میں اس کی زندگی کی راتیں اس طرح گزرتی ہیں کہ کبھی سوز و ساز رومی اور کبھی پیچ و تاب رازی کی کیفیت کا سامنا کرنا پڑتا ہے۔ چاند کی خاطر ضد کرنے والے رومانی مزاج عاشق دلوں کو مرکز مہر و وفا کس طرح کرتے ہیں اس کا نہایت دلکش انداز میں بیان گوئٹے کی تخلیقات میں ملتا ہے۔

۲۔ نوجوان ورتھر کی داستان غم ۱۷۷۴

یہ محبت کی ایک ایسی داستان ہے جس میں تخلیق کار کے ذاتی تجربات اور مشاہدات کی جھلک صاف نظر آتی ہے۔ یہ محبت کی راہ پر چلنے والے کی اپنی تباہیوں پر مبنی داستان ہے۔ تصورات اور احساسات کے مابین پائے والے اختلافات اور متصادم کیفیات کا نہایت مؤثر انداز میں اظہار کیا گیا ہے۔

ورتھر نے ہلاکت خیزی کی راہ اپنائی اور اپنی تخریب کا باعث بن گیا۔ حالات اور خواہشات کا سیل رواں میں انسانوں کو خس وخاشاک کے مانند بہالے جاتا ہے۔ معاشرتی زندگی کے کئی پہلو مثلاً شادی پیمانِ وفا اور خلوص و مروت کے بارے میں اس ڈرامے میں جو سوال ابھرے ہیں وہ آج بھی لمحہ فکریہ ہیں۔ ایسا محسوس ہوتا ہے خلوص کی تابانیوں کو مصلحت نے گہنا دیا ہے۔

۳۔ ڈراما "فاؤسٹ" (FAUST ۱۸۰۸

یہ ڈراما کائنات اور حیات کے موضوع پر ہے۔ کائنات کے موضوع (cosmic) پر یہ ڈراما کلاسیک کا درجہ حاصل کر چکا ہے۔ یہ ڈراما ریلزم (Realism) کی حدود سے آگے ہے۔ شاعرانہ تخیل کی جولانیاں دکھاتے ہوئے گوئٹے نے عام زندگی کے حقائق کو اس دلنشیں انداز میں پیش کیا ہے کہ زمانہ آئندہ کے تمام امکانات اس میں سمٹ آئے ہیں۔ فاؤسٹ اور ابلیس کے عہد وپیمان کو جس موثر انداز میں پیش کیا گیا ہے اس کے مطالعہ سے فرسودہ نظام کہنہ کے بارے میں واضح ہو جاتا ہے کہ یہ سب کچھ گرتی ہوئی عمارت کے مانند ہے اس کے سائے میں عافیت سے بیٹھنے کے خواب دیکھنے والے احمقوں کی جنت میں رہتے ہیں۔ انسانیت کے نشوونما و ارتقا کی تفہیم میں اسے کلیدی مقام حاصل ہے۔

۴۔ اٹلی کا سفر (Italian journey)

زندگی کے آخری دنوں کی یادوں پر مبنی ہے۔ پیرانہ سالی میں مصنف نے عمر رفتہ کو آواز دی ہے اور اس طرح یہ ایام گزشتہ کی کتاب کے اوراق کا ایک مجموعہ ہے۔ تہذیب، ثقافت، ادب، کلچر اور مسائل پر گوئٹے کی گہری نظر تھی۔ اس کی تخلیقات میں عصری آگہی کا عنصر نمایاں ہے۔

گوئٹے نے اپنے عہد کے ادب پر گہرے اثرات چھوڑے۔ یورپ کے طرز احساس کو عبوری دور میں ایک ایسی کیفیت کا سامنا تھا کو ہر لمحہ تغیر پذیر تھی۔ اس نے اس تناظر میں جذبات احساسات کا بنظر غائر جائزہ لیا ہے اور حقیقی صورت حال کو اپنے فکر و فن کی اساس بنایا ہے۔ سستی جذباتیت اور بے لگام رومانیت کو اس نے کبھی لائق اعتنا نہیں سمجھا وہ کسی قسم کی تکثیریت کو پسند نہیں کرتا تھا ذوقِ سلیم پر مبنی فکر و خیال کی اہمیت کو وہ کلیدی اہمیت کا حامل قرار دیتا تھا۔ اس کا کہنا تھا

"There is nothing worse than imagination without taste" ((۱

گوئٹے کو جرمنی میں بے پناہ قدر و منزلت نصیب ہوئی۔ جرمنی کا کلچرل انسٹی ٹیوٹ آج بھی گوئٹے انسی ٹیوٹ کے نام سے مشہور ہے یہ انسی ٹیوٹ جرمن ادب ثقافت کی ترویج میں اہم کر دار ادا کر رہا ہے۔ یہ امر قابل ذکر ہے کہ دنیا کے بیشتر ممالک میں جرمن قوم نے اس شہرہ آفاق ادیب کی یاد میں گوئٹے انسٹی ٹیوٹ قائم کر رکھے ہیں۔ اس طرح اس عظیم تخلیق کار کے افکار کو پوری دنیا میں مثبت شعور اور آگہی کو پروان چڑھانے کے لیے بروئے کار لانے کی مساعی جاری ہیں۔ گوئٹے نے دنیا کے بیشتر ممالک کا سفر کیا۔ دینا بھر میں اس کے مداح کثیر تعداد میں موجود ہیں۔ اٹلی اور سسلی کا سفر گوئٹے کی زندگی کا یادگار سفر ثابت ہوا۔ اسی عرصے میں اس کی تخلیقی فعالیت کو نمو ملی۔ اس نے اٹلی اور

سسلی کے سفر کو جس تناظر میں دیکھا اس کا اندازہ ان احساسات کے لگایا جاسکتا ہے۔

"To have seen Italy without having seen Sicily is not have seen Italy at all , for Sicily is the clue to every thing(۱)"۔

گوئٹے کی زندگی میں کئی سخت مقام بھی آئے ایک مرتبہ نشے میں بدمست اجرتی قاتل اور کرائے کے بدمعاش اس کے گھر میں گھس گئے۔ وہ اس جری تخلیق کار سے متاع لوح قلم چھین کر ہنستے اور بولتے ہوئے چمن کو مہیب سناٹوں کی بھینٹ چڑھانا چاہتے تھے مگر اس آزمائش کی اس گھڑی میں وہ اور ان کی اہلیہ کرسٹین(Christiane)ثابت قدم رہے اور ظالم وسفاک، موذی ومکار دہشت گردوں کو اپنے مذموم مقاصد میں ناکامی ہوئی۔ ہر عہد میں خفاش منش جید جاہل روشنی کی راہ میں دیوار بننے کی قبیح کوششوں میں مصروف رہے ہیں، مگر اولوالعزمان دانش مند گوئٹے کی طرح نہ صرف اپنے لہو سے ہولی کھیل کر دکھوں کے کالے کٹھن پہاڑ اپنے سرپر جھیلتے ہیں بلکہ آنے والی نسلوں کے لیے سفاک ظلمتوں میں ستارہ سحر بننے کی درخشاں مثال چھوڑ جاتے ہیں۔ گوئٹے نے اپنی یادداشتوں میں لکھا ہے۔

"Fires, rapine, a frightful night... Preservation of the house through steadfastness and luck(۱)"۔

اگرچہ قسمت اور حالات سازگار تھے مگر آلام روزگار نے گوئٹے کا تمام عمر تعاقب کیا۔ اس کی ہزاروں خواہشیں ایسی تھیں کہ ہر خواہش پر دم نکلتا تھا۔ ہزاروں داستانیں ایسی تھیں کو اس کے دل میں ناگفتہ رہ گئیں اس کی زندگی کا سفر تو کٹ چکا تھا مگر وہ خود کرچیوں میں بٹ گیا تھا۔ اس کے جسم میں ایک بے قرار روح تھی جو بے لوث محبت کے

لیے تڑپتی رہی۔ اسے اس بات کا شدت سے احساس تھا کہ جسے بھی نہاں خانۂ دل کی جان لیوا تاریکیاں کافور کرنے کے لیے چراغ کے مانند پیار سے رکھا جاتا ہے وہی امیدوں کا خرمن خاکستر کر کے چلا جاتا ہے۔ گلشن ہستی میں ایسے بھی مناظر دیکھنے پڑتے ہیں کہ جسے گلاب کے مانند جان سے بھی عزیز خیال کیا جاتا ہے وہی نشتر جاں میں کانٹے چبھو کر عمر بھر کی کسک دے جاتا ہے۔ گوئٹے کو اس بات کا شدید قلق تھا کہ لوگ مثل آفتاب وادی خیال میں طلوع ہو کر اپنی چکا چوند سے مرعوب کر دیتے ہیں لیکن یہ ساری صناعی جھوٹے نگوں کی ریزہ کاری ثابت ہوتی ہے۔ قحط الرجال کے موجودہ زمانے کا المیہ یہ ہے کہ جو لوگ مرہم بدست آتے ہیں، وہی زخموں پر نمک چھڑک کر دل دکھا کر دائمی مفارقتوں کی بھینٹ چڑھا کر چلے جاتے ہیں۔ اِن اعصاب شکن حالات میں ایک حساس تخلیقی فن کار جب دکھوں کے جال ہر اک سو بچھے ہوئے دیکھتا ہے تو وہ اپنی بے بسی پر کف افسوس ملنے لگتا ہے۔

۱۸۲۳ میں وہ الرائک واں لوٹزو (Ulrike Von Levetzow) کی زلف گرہ گیر کا اسیر ہوا۔ اس کو دل دے کہ خود عارضہ قلب میں مبتلا ہو گیا، اس ناکام محبت کے نتیجے میں اس کی تخلیق "Marienbad Elegy" منصہ شہود پر آئی۔ اسے گوئٹے کی نفیس ترین اور عزیز تخلیق کا درجہ حاصل ہے۔ گوئٹے نے بحیثیت شاعر جو فقید المثال کامرانیاں حاصل کیں ان کا ایک عالم معترف ہے۔ اس کے مزاج میں عجز و انکسار کی فراوانی تھی۔ نارسیسی انہماک اس کے نزدیک کوئی وقعت نہ رکھتا تھا۔ ایک بات کا اسے بہر حال احساس تھا کہ رنگ، خوشبو، جلال و جمال اور حسن و خوبی کے تمام استعارے جذبۂ عشق کے مرہون منت ہیں۔ جذبوں کی صداقت کی لفظی مرقع نگاری میں کوئی اس کا ہم سر نہیں۔ جرمن ادب میں گوئٹے کی تخلیقی کامرانیاں، متنوع تجربات اور مسحور کن اسلوب

کو ایک لائق تقلید مثال قرار دیا جاتا ہے۔اسے لطیف جذبات، قلبی احساسات پر مبنی دروں بینی(introversion)کے بنیاد گزار کے نام سے آج تک اہم سمجھا جاتا ہے۔ گوئٹے نے تخلیق فن کے لمحوں میں خون بن کر رگ سنگ میں اترنے کا ایسا اسلوب وضع کیا جو اس کی ذات اور پہچان بن گیا۔وطن اور اہل وطن کے ساتھ قلبی وابستگی اور والہانہ محبت اس کا بہت بڑا اعزاز اور امتیاز قرار دیا جاتا ہے۔وہ ایک عظیم محب وطن تھا اس نے لکھا ہے کہ "کیا تم اس سرزمین کے بارے میں جانتے ہو جہاں باغوں میں بہار ہی بہار ہوتی ہے اور جہاں لیموں کھلتے ہیں اور باغ مہک اٹھتا ہے۔وہ سمجھتا تھا کہ کاروان ہستی مسلسل رواں دواں ہے۔رخش عمر پیہم رو میں ہے۔انسان کا نہ تو ہاتھ باگ پر ہے اور نہ پا رکاب میں ہے۔تقدیر کے فیصلوں پر اسے کوئی اختیار نہیں۔اسے نہیں معلوم کہ رخش عمر کہاں جا کر تھمے گا۔آلام روزگار کے مہیب بگولوں کی زد میں آکر انسان کی کشتیِ جاں قلزم زیست کی موجوں کے تلاطم اور گرداب میں ہے۔ان اعصاب شکن حالات میں دفاع اور احتجاج کا تصور ہی عبث ہے۔گوئٹے کے افکار و خیالات نے عالمی ادب پر دور رس اثرات مرتب کیے جن کا ہر عہد کے ادب میں نشان ملتا ہے۔اس نے افق ادب پر اپنی ضیا پاشیوں سے اکناف ادب کا گوشہ گوشہ منور کر دیا۔اس کی علمی ادبی اور قومی خدمات کا دنیا بھر میں اعتراف کیا جاتا ہے۔اپنی زندگی کے آخری برس میں گوئٹے نے فاؤسٹ(Faust)حصہ دوم کو پایہ تکمیل تک پہنچایا اس کی اشاعت گوئٹے کی وفات کے بعد ہو سکی۔وہ شہرت عام اور بقائے دوام کے منصب پر فائز رہے گا، اس کی تخلیقات کی بازگشت ہر جگہ سنائی دیتی ہے ایسے یادگار زمانہ لوگوں کے نام کی تعظیم ہر دور میں تاریخ کرتی رہے گی۔

***